对外经济贸
业务费专项

吕越 著

Jinrong Fazhan yu Zhongguo Qiye de
Quanqiu Jiazhilian Shengji Moshi Yanjiu

金融发展与中国企业的
全球价值链升级模式研究

中国财经出版传媒集团
经济科学出版社
Economic Science Press

图书在版编目（CIP）数据

金融发展与中国企业的全球价值链升级模式研究／吕越著． —北京：经济科学出版社，2019.9
ISBN 978-7-5218-0811-7

Ⅰ.①金… Ⅱ.①吕… Ⅲ.①金融事业-关系-制造工业-工业发展-研究-中国 Ⅳ.①F426.4

中国版本图书馆 CIP 数据核字（2019）第 184867 号

责任编辑：王柳松
责任校对：王苗苗
责任印制：李　鹏

金融发展与中国企业的全球价值链升级模式研究
吕越　著
经济科学出版社出版、发行　新华书店经销
社址：北京市海淀区阜成路甲 28 号　邮编：100142
总编部电话：010-88191217　发行部电话：010-88191522
网址：www.esp.com.cn
电子邮箱：esp@esp.com.cn
天猫网店：经济科学出版社旗舰店
网址：http://jjkxcbs.tmall.com
北京季蜂印刷有限公司印装
880×1230　32 开　6.125 印张　170 000 字
2019 年 11 月第 1 版　2019 年 11 月第 1 次印刷
ISBN 978-7-5218-0811-7　定价：39.00 元
(图书出现印装问题，本社负责调换。电话：010-88191510)
(版权所有　侵权必究　打击盗版　举报热线：010-88191661
QQ：2242791300　营销中心电话：010-88191537
电子邮箱：dbts@esp.com.cn)

前言

经济全球化和信息技术的发展催生了国际生产分割、外包、公司内贸易等新型贸易模式,兴起了全球价值链(global value chains,GVC)分工模式。加入WTO以后,中国以劳动力要素禀赋的优势积极参与全球价值链分工体系,贸易规模不断扩大,带动了经济迅速发展,成为"世界工厂"。近年来,因为劳动力要素成本的不断上升弱化了"中国制造"的成本优势,外资已逐渐向东南亚国家转移,所以,传统的"低附加值、微利化"的粗放增长模式难以为继,中国亟须实现在全球价值链中的转型升级并探索更高水平的全面开放新体制。另外,从20世纪90年代开始,中国政府实行推动中国企业"走出去"的国家发展战略。世界贸易组织(WTO)公布的统计数据显示,2013年中国成为世界第一货物贸易大国,全年货物进出口总额为4.105万亿美元,其中,出口额为2.263万亿美元,进口额为1.842万亿美元。与此同时,伴随着政府政策的推动和企业自身竞争力的提升,企业对外直接投资(outward foreign direct investment,OFDI)逐渐成为中国企业开展国际化业务的又一重要模式。

然而,与政府大力倡导企业国际化进程不同,配套的中国金融体制改革尚处于滞后阶段。处于转型阶段的中国，企业在获得金融资源时不仅面临市场机制中一般意义上的金融摩擦，还会受到由于金融体制不够健全导致的其他复杂因素的影响，这些都会在不同程度上对企业的国际化行为产生影响。WTO报告（2013）指出，一国的制度环境（经济体制、政治制度、社会结构等）也是影响一国开展国际化行为的重要因素，并且是形成国家比较优势的重要来源。正因如此，在金融市场不完全的情况下，企业国际化行为和贸易自由化进程如何有序开展，逐渐成为国内外学者关注的重心。

本书将在经典的异质性贸易理论与融资分析框架下，探讨当前中国金融体制不完善的背景下，融资约束对中国企业国际化行为的影响机制，并尝试解释其中与经典的异质性贸易理论分析框架预测不完全一致的现象（或称"中国悖论"），将边界外的贸易问题研究与中国边界内制度问题的探讨有机结合。在此基础上，为推动国内改革——深化金融体制改革和加快完善社会主义市场经济体制，提供来自更高水平对外开放层面的支持，充分发挥对内改革和对外开放的联动效应。

本书共六章。第一章为融资约束与企业国际化研究的文献综述。第二章以2008年金融危机后贸易萎缩的主要假说为线索，从一个新的视角分析中国出口贸易的微观结构：透过金融危机的冲击，揭示中国出口贸易总量繁荣背后的隐忧。第三章通过构建基本的金融异质性与企业国际化的理论分析框架，考察中国企业融资能力对国际化行为的影响机制，并通过微观企业层面的数据对理论假说进行验证。第四章结合中国金融体制改革中尚存在的金融市场分割现象和信贷偏袒现象，考察我国特殊经济结构下的金融问题与贸易问题。第五章构建理论模型，分析融资约束对企业增加值贸易二元边际的影响机制，探讨不同所有制、不同要素密集度以及不同行业融资依赖度情况下，融资约束对企业的增加值

前　言

贸易存在异质性的不同影响。第六章从企业全要素生产率、研发创新能力、出口竞争力及价值链嵌入度四个方面，就融资约束对制造业企业价值链跃升的影响进行实证分析。

本书的撰写和出版是在众多师长和朋友们的帮助下完成的。我要感谢我的博士生导师盛斌教授的多年教诲和帮助，老师无疑是我在学术道路上的引路人，帮助我从一名稚嫩的学生逐渐成长为在全球价值链研究中有一定积累的年轻学者。我要感谢我的领导屠新泉教授在我入职对外经济贸易大学以来对我的鼓励和支持，尤其是多次跟随经贸学院团队到日内瓦WTO总部参观考察，深化了我对全球经贸治理体系的认知，强化了我对学术研究使命感的体悟。我还要感谢清华大学陆毅教授一直以来对我的帮助和鼓励，在新加坡国立大学一年访学期间，跟随陆毅教授团队研读国际顶级期刊，让我养成随时跟进学术前沿的良好科研习惯。我还要感谢我的同窗好友罗伟教授，在他的帮助下我才得以接触金融发展问题，他在理论模型构建上也给予了我无私的帮助和支持。我还要感谢我的师兄中国人民大学王孝松教授，从我开始学术研究起一直在科研道路上给予我兄长般的关怀，让我在研究道路上少走了不少弯路。我还要感谢黄建忠教授、许统生教授、张二震教授、马野青教授、葛赢教授、沈瑶教授、王珏教授、陈勇兵教授、包群教授、魏浩教授、韩剑教授、蔡洪波教授、李兵教授、林发勤教授、符大海教授、孙浦阳教授、毛其淋教授、刘斌教授、陈昊教授、李磊教授、祝坤福教授等在我学术研究道路上给予的帮助和鼓励。此外，我还要感谢经济科学出版社的王柳松老师对本书出版给予的大力帮助。我的博士研究生邓利静同学帮助我校对了本书，一并表示感谢。最后，要特别感谢我挚爱的家人对我工作的默默支持和鼓励，让我得以心无旁骛地畅游在学术海洋中。

由于时间仓促，本书肯定还存在不少谬误和不足，敬请读者们多提宝贵意见，以便再版时修改完善。

吕越

2018 年 12 月

目录

第一章 融资异质性与企业国际化的文献综述 …………………… 1
  第一节 引言／1
  第二节 融资异质性与贸易／4
  第三节 融资异质性与企业国际化／9
  第四节 融资异质性与企业国际化：中国的经验研究／12
  第五节 结论及展望／14

第二章 金融危机冲击后中国出口贸易的微观结构
  ——基于全球价值链视角 …………………………………… 16
  第一节 引言／16
  第二节 出口贸易的微观结构之一——技术密集度／23
  第三节 出口贸易的微观结构之二——中间产品／25
  第四节 出口贸易的微观结构之三——二元边际／27
  第五节 出口贸易的微观结构之四——集中度和价格／36
  第六节 出口贸易的微观结构之五——全球价值链
           视角下的增加值质量／40
  第七节 结论／46

第三章 融资异质性与企业国际化
——来自中国微观层面的经验证据 ·········· 48
第一节 引言／48

第二节 理论模型和研究假说／52

第三节 计量模型与数据描述／57

第四节 实证结果分析／65

第五节 结论／73

第四章 金融摩擦与中国高出口之谜
——基于效率和融资的双重异质性分析 ·········· 75
第一节 引言／75

第二节 理论框架／79

第三节 指标构建和数据描述／92

第四节 实证分析／98

第五节 结论／111

第五章 融资约束与企业增加值贸易
——基于全球价值链视角的微观证据 ·········· 114
第一节 引言／114

第二节 文献综述／116

第三节 理论分析／118

第四节 计量模型和数据说明／120

第五节 实证结果与分析／126

第六节 结论／137

第六章 融资约束与中国制造业转型升级 ·········· 139
第一节 引言／139

第二节 金融发展与制造业升级的研究现状／140

第三节 理论机制与实证分析 / 142
第四节 结论及建议 / 167

参考文献 / 168

第一章

融资异质性与企业国际化的文献综述

第一节 引言

企业国际化扩张依赖于外部资本,良好发展的金融体制是保证全球商品与服务交换顺利进行的必要支持。一方面,金融体制不完善会阻碍经济增长和一般的经济行为,[1] 通过对国家间的贸易流和资本流的影响引发对生产总量的冲击;另一方面,金融、宏观经济学与发展经济学的文献进一步强调了企业间融资约束的差异性。[2] 当企业的异质性成为决定企业总体出口规模、贸易改革和国际化经营的关键因素时,深入考量融资约束对企业国际化行为的影响机制是十分必要的。[3]

传统的贸易理论基于要素禀赋理论和生产技术强调比较优势理论对出口贸易结构的影响。国家层面的金融体系会影响行业的

---

[1] 拉詹和津加莱斯(Rajan and Zingales, 1998)、布劳恩(Braun, 2003)、费斯曼和洛夫(Fisman and Love, 2007)研究指出,金融发展水平越高的国家具有更高的发展水平。

[2] 已有文献,如贝克等(Beck et al., 2005)、福布斯(Forbes, 2007)指出,越小的企业面临越多的融资约束。

[3] 梅里兹(Melitz, 2003);伯纳德等(Bernard et al., 2003, 2011)、伊顿等(Eaton et al., 2004, 2011);提供了经典贸易理论中企业异质性的不同处理方式。

出口水平，尤其是对行业外部融资依赖度高和抵押支持较少的企业影响更为突出。金融发展水平较高的国家，在高外部融资依赖度和低抵押资产行业的出口贸易中具有比较优势。克莱泽和巴德汉（Kletzer and Bardhan，1987）最早从金融发展水平角度提出了额外的比较优势渠道。不同于传统的比较优势分析，该文献强调制度与贸易之间的关系，尤其是金融体制，构建了两部门模型，其中一个部门是外部融资依赖度更高的部门，另一个部门是融资依赖较低的部门。金融体制中的两个因素会影响国家之间的贸易：由于道德风险导致的国家政治风险及由于信息不完全导致缺乏有效的契约执行机制。这两个金融体制的因素，会使不同国家之间的利率水平和信贷配给状况存在差异。一方面，面临较高利率水平的国家在生产密集使用运营资本要素（更高的销售成本、更多贸易融资需要）的产品时，不具有比较优势；另一方面，面临更为紧张的信贷配给状况的国家，同样在出口密集使用运营资本要素的产品时不具备比较优势。此后，贝克（Beck，2002）延续了克莱泽和巴德汉（Kletzer and Bardhan，1987）的两部门分析框架，提出了金融发展水平较高的国家，金融中介会使制造业获得更大的规模和更高的回报。拉詹和津加莱斯（Rajan and Zingales，1998）和布劳恩（Braun，2003）的研究指出，在金融发展水平较高的国家，外部融资依赖度部门及更高的有形资产比重深化程度更高的部门会呈现出不同于企业部门的更快的增长，使这些产业具有比较优势。松山（Matsuyama，2005）则对一个连续的部门中企业家可获得的信贷资金做了一个外生的限制。韦恩（Wynne，2005）关于金融与贸易的动态模型，对内生财富的分配机制引发的出口数量和出口结构进行探讨，而非考察外生的金融体制对贸易的影响。朱和魏（Ju and Wei，2011）通过构建一般均衡的分析框架，考察金融体系在什么情况下是比较优势的来源，只有当一个国家的经济发展水平不高时，金融因素才是贸易比较优势的来源。这些研究是对以后贸易与金融研究的重要补充，并强化了金融发展与基于行业特性的外部融资依赖度的交互作用对比较优势的影响。诚然，这些模型从不同的角度强调融资约束问题的重要性，但将它们放在一个更大的框架下，就勾勒出外部金融依赖度对出口贸易决定性影响的全部图景。

同时，大量实证研究也从经验层面验证了金融发展对行业层面、国家层面的国际贸易的决定性影响。贝克（Beck，2002，2003）采用1980~1990年56个国家的36个行业之间的出口贸易数据证实，企业信息的获取与处理、企业管理者的监控都需要耗费成本，而金融发展恰恰会降低企业从外部获取资金的成本。因此，在金融发展水平更高的国家，外部融资依赖度较高的产业具有克服流动性约束的能力，能够进行专业化生产，提高生产率，从而具有比较优势。随后的实证研究也证明，金融发展水平越高的国家，制造业出口份额和净出口额也越高。类似地，贝克尔和格林伯格（Becker and Greenberg，2007）采用1995年跨行业层面的数据，在测算行业前期垫付的固定成本之后，得到了类似前述研究的结论。斯瓦利德和维拉科斯（Svaleryd and Vlachos，2005）通过构造工业层面的指标得到了相似的结论。胡尔等（Hur et al.，2006）的研究发现，一个更好的金融环境（类似于其他机制）会提高1980~1990年内部融资和抵押资产不足的行业的平均出口份额。曼诺娃（Manova，2007）采用1985~1995年包含107个国家、27个行业的跨国面板数据，将金融发展对贸易的影响机制从要素禀赋和国家整体的发展水平等机制中剥离出来，证实了国家的金融发展水平也是影响各国间贸易行为的重要因素。该文献还指出，资本市场的自由化进程会更多地增加外部融资依赖度较高及抵押资产较少企业的出口。这一现象在资本市场较为不活跃的国家更为突出，且外国资本的注入可以在一定程度上替代国内不发达的金融体系。

随着新新贸易理论的发展，传统的基于比较优势的行业、国家层面的新古典理论以及基于规模经济和产品多样性的新贸易理论受到挑战。异质性贸易理论从企业层面对国际贸易的原因进行了全新的解释，强调企业间的效率存在异质性，由于出口时会面临较大数额的固定成本，包括获得外部市场信息的成本、获得目标国消费者偏好的成本和建立分销渠道的成本等，所以，只有效率足够高的企业才能克服较高的出口固定成本实现出口（Melitz, 2003; Bernard et al., 2003）。国际贸易理论的发展，也推动了金融因素与企业国际化研究的演进。尤其是 2008 年金融危机爆发后，越来越多的研究着眼于考察金融因素对实体经济的影响，全球贸易的缩减和外商直接投资的下降不仅是由外部需求缩减导致的，更为严峻的外部融资状况也是重要原因之一。

第二节　融资异质性与贸易

伴随异质性贸易理论的发展，人们开始从行业层面的研究转向对企业层面贸易行为的关注。由于金融市场摩擦的普遍存在，导致现实中贸易行为的发生并不完全符合经典异质性贸易理论假定的仅有一种要素（劳动力）的情形，且企业获取外部资金需要支付额外的融资成本，使不同企业的融资能力存在异质性。与劳动力市场不完全类似，资本市场的不完全成为研究异质性贸易领域的一个新的分支。

企业的金融异质性如何影响贸易行为？企业面临的一系列融资约束来源于贸易所需的固定成本和可变成本，贸易所需的固定成本会影响企业能否成功进入海外市场，贸易所需的可变成本则影响其海外销售的规模。因此，受到融资约束的企业国际贸易行为也会受到贸易自由化改革、汇率波动，以及其他成本冲击和需求冲击的交互影响。具体来说，首先，企业的国内生产投入受到融资影响。无论是国内生产还是出口贸易，企业都需要提前垫付大量的资金，这是企业无法从未来的销售收入或内部现金流完全满足的。这部分开支通常是固定的。例如，研发开支和产品的更新、市场调研、广告以及固定资产的设备投资。此外，大部分的可变成本开支，如中间投入品购买，提前支付的工人工资，以及土地或设备的租金也需要在生产与销售实现之前支付。其次，出口贸易需要更多额外垫付的投资。与出口相关的额外提前垫付的开支使出口较之国内销售更加依赖外部融资。国际贸易的沉没成本和固定成本，包括了解潜在出口市场的获利能力、市场定制化的专项投资、产品定制化和纠纷调解以及设立和保持外国的分销网络。可变的贸易成本包括运输成本、关税成本以及航运保险成本等。与国内生产类似，上述开支也是在出口回报实现之前提前垫付的。再次，跨国运输导致国际贸易的订单会比国内销售晚30~90天实现（Djankov et al., 2010），这进一步导致出口商对外部资本的需求远远超过国内销售。最后，因为国际贸易面临更多的风险与不确定性，所以导致出口企业还需要投资贸易保险。超过90%的国际贸易都在某种程度上依赖于贸易金融（Auboin, 2009）。

因此，较为健全的金融市场和强势的银行体制，对企业国际化行为中获得外部融资具有重要的作用。在通常情况下，企业更容易与国内银行等金融机构建立信贷关系。买卖双方之间的贸易信用导致一些出口企业在贸易过程中与关联企业存在赊销、赊借现象，但国内的银行系统仍然在企业出口经营中起着重要的作用。[1]

---

[1] 进口国的金融发展水平会对出口企业的贸易行为产生影响，但在实证研究中这一作用要远远小于母国金融发展水平的影响。同时，这两者之间显然是互补的而非替代的关系。

钱尼（Chaney，2005）最早将流动性约束（liquidity constrains）纳入梅里兹（Melitz，2003）的异质性企业模型，认为企业的融资约束与生产率都是异质性的来源，面临较少融资约束的企业更能克服进入出口市场的沉没成本，从而更容易实现出口。与钱尼（Chaney，2005）关注内部融资方式不同，曼诺娃（Manova，2006）假定企业主要通过外部方式进行融资，无障碍的外部融资以及更低的外部融资需求可以增大企业在出口市场的参与率。在曼诺娃（2006）模型中，企业所需要的外部资本和抵押资产取决于其所处的不同行业。在金融发展水平更高的国家中，企业和投资者之间的契约更有可能达成。当生产者具有更大的销售规模时，可以提供给出借人更多的信贷回报和更多的贷款担保。效率更高的企业更有可能成为出口者，并在既有贸易条件下获得更多回报。金融发展水平较高的国家，金融脆弱部门的出口效率阈值会更低。同时，企业层面的出口种类和加总的贸易量在这些国家和部门中也会更高。因此，金融摩擦会与效率因素产生重要的交互作用，强化了贸易与金融模型中所遗漏的扭曲现象。[①] 穆尔斯（Muûls，2008）将内外部融资同时引入梅里兹（Melitz，2003）模型中，发现融资约束对企业的出口倾向和出口总量都会产生影响。芬斯特拉（Feenstra，2013）假定跨国公司的分支机构可以从其母公司获得外部融资，并利用扩展的梅里兹（Melitz，2003）模型发现，如果跨国公司的出口固定成本大于跨国公司在国内市场的固定成本，那么，跨国公司的分支机构相对于"独立"企业，更有可能进入出口市场。

[①] 一些已有研究强调了存在融资约束时，金融发展是比较优势的主要来源（Kletzer and Bardhan，1987；Beck，2002；Matsuyama，2005；Becker and Greenberg，2007；Ju and Wei，2011）。然而，这些代表性企业模型也存在一个反事实的假定，即给定出口部门要么所有生产者都出口，要么没有一个生产者出口。虽然钱尼（Chaney，2005）考虑了异质性企业，但并没有详细模型化金融契约和金融部门的差异性。

逐渐增加的企业层面的实证研究，也为金融异质性对贸易行为的影响提供了经验层面的支持。格里纳韦等（Greenaway et al.，2007）、穆尔斯（Muuls，2008）、曼诺娃等（Manova et al.，2009）、米内蒂和朱（Minetti and Zhu，2011）以及阿米蒂和温斯坦（Amiti and Weinstein，2011）分别对英国、比利时、中国、意大利和日本的研究均证实，信贷约束会影响企业出口产品范围、出口目的地的数量以及国外销售水平。文献也开始对买卖双方之间的贸易信用，例如，外国直接投资或组合式投资，是否可以弥补国内薄弱的金融体制的不足进行研究（Manova，2008；Manova et al.，2009；Antras and Foley，2011）。由于对企业金融异质性的界定在学界尚未形成统一的标准，我们按照已有研究采用的不同金融异质性指标对其进行综述。

①评级打分。早期来自微观层面的证据，往往采用信用评级打分（credit-worthiness）、平衡表的变量（balance-sheet variables）和信用排名调研（credit-rationing survey）考察流动性约束（liquidity constrains）对企业出口能力的影响。如穆尔斯（Muûls，2008）对比利时企业的研究发现，受到流动性约束的企业更难成为出口者，即便其出口行为得以实现，其出口的总额、产品的种类数和出口目的地也会更少。伯曼和埃里库尔（Berman and Héricourt，2010）采用9个发展中国家和新兴经济体的5000家企业的平衡表数据验证金融因素与企业出口行为之间的关系，证实上述观点成立。但米内蒂和朱（Minetti and Zhu，2010）对意大利企业的调研数据却发现，基于企业信用评分界定的金融约束与企业国际贸易行为之间的关系存在一定的内生性问题。格林韦（Greenway，2007）发现，英国企业的金融健康状况在企业出口时得到改善，但是，持续出口的企业并没有表现出优于非出口企业的健康状况。这对传统的基于评级打分模式界定企业金融状况的研究提出了挑战。

②财务指标。在最初评级打分的基础上,后续研究开始采用某一个企业或者某几个企业的财务指标,直接评价企业的融资状况。第一类指标为采用单一指标界定企业的金融状况,如埃格和科斯纳(Egger and Kesina,2010)采用长期负债率,伯曼、尼古拉斯和埃里库尔(Berman, Nicolas and Hericourt,2010)、戴明坚等(Damijian et al.,2010)、布什(Bush,2008)等采用总资产负债率,林汉川和管鸿禧(2004)采用流动资产率,格里纳韦(Greenaway,2007)采用流动比率,芬斯特拉(Feenstra,2013)使用利息支出,于洪霞等(2011)采用企业的应收账款相对比例。第二类指标在单一指标存在内生性问题的基础上,考虑采用基于多个财务指标的综合指标法界定企业的融资状况,如克利里(Cleary,1999)、米索和系亚沃(Musso and Schiavo,2008)、贝洛内(Bellone,2010)和阳佳余(2010)。

③银行指标。近期研究中,还有一些文献通过考察外生冲击对企业外部融资可获得性的影响,以建立融资状况与贸易之间的因果联系。如阿米蒂和温斯坦(Amiti and Weinstein,2011)对日本1990年以来系统性金融危机的考察,发现银行将金融风险转嫁给出口者,导致其贸易行为受影响。帕拉维西尼等(Paravisini et al.,2012)对全球性金融危机的考察以及布里贡等(Bricongne et al.,2012)对全球性金融危机对法国企业出口状况影响的考察,发现外部融资依赖程度更高的企业更易受到金融危机的负面冲击。

④行业和企业的整合研究。曼诺娃(Manova,2013)的经验分析,支持信贷市场的不完全会提高企业进入国内市场的效率阈值出口的效率阈值(productivity cut-off)。也就是说,信贷市场的不完全会使进入国内市场的企业更少,实现出口的企业更少,并且,金融摩擦对出口的负面影响远远超过对国内生产的负面影响,因为出口面临更高的成本、更多的交易风险,以及为承

担更长的运输时间而支付更高的运营资本。曼诺娃等（Manova et al.，2013）将企业的所有制性质与行业外部融资依赖程度进行整合，考察了外商直接投资企业通过缓解中国本土企业的融资约束，促进企业出口绩效提高的影响机制。同时，还将融资约束的贸易特定效应（trade-special effect）分解为出口贸易的广延边际和集约边际。其中，有1/3的贸易特定效应表现为限制企业进入、退出国际市场，2/3的贸易特定效应表现为引发贸易量缩减。

2008年全球性金融危机爆发后，新的理论模型尝试探索贸易对金融市场不完全下摩擦的敏感度要远远超过国内生产的原因（Ahn，2011；Feenstra et al.，2011），这也是解释金融危机之后贸易的缩减幅度要远远超过GDP的缩减水平的原因。佐和曼诺娃（Chor and Manova，2010）提供了非常有力的证据，支持融资约束在出口中的作用。融资约束会限制金融脆弱部门的出口广延边际扩张。同时，在金融危机冲击下，这些部门对美国的出口贸易呈现出更为严重的缩减。阿米蒂和温斯坦（Amiti and Weinstein，2011）对日本的研究也证实了这一结论，研究发现如果日本的出口商和银行绩效表现差，会使其海外出口销售面临更大缩减。芬斯特拉（Feenstra，2011）研究后指出，中国的出口企业比内销企业面临更严重的融资约束，在2008年金融危机冲击下企业的出口呈现大幅缩减。阿达（Haddad，2010）发现，2008年金融危机后美国的进口产品价格上升，这与市场需求下降的现象不符，但是，由于出口商缺乏出口信贷导致的供给下降可以解释这一现象。

第三节 融资异质性与企业国际化

毋庸置疑，贸易是企业开展国际化业务，实现"走出去"

战略目标的传统方式。随着全球化进程的推进，企业对外直接投资（outward foreign direct investment，OFDI）逐渐成为企业开展国际化业务的又一重要模式。近来的贸易文献试图将企业国际化模式整合进新的贸易理论。这些文献强调企业会通过多样性的渠道接触国际市场：可以直接出口产品到国外市场，或者通过建立海外分支机构、授予外国公司经营执照的方式开展产品生产。

异质性贸易理论使人们开始从行业层面的研究转向对企业层面贸易行为的关注。然而，已有异质性贸易理论的研究，更多的是从效率角度探讨企业的国际化行为。以赫尔普曼（Helpman，2004）为代表的经典异质性贸易理论指出，因为，进入海外市场需要垫付进入成本，所以，只有效率较高的企业才可以克服进入成本的障碍实现出口或者对外直接投资（OFDI）。然而，越来越多的研究发现，效率因素并不是解释企业出口或者 OFDI 的唯一原因。伯纳德（Bernard，2003）、迈耶和奥塔维亚诺（Mayer and Ottaviano，2007）分别对美国、比利时的实证研究发现，虽然效率因素是解释企业国际化问题的重要原因，但是其解释力较为有限。伊顿（Eaton，2008）采用模拟方法同样发现，企业存在一些未观测的因素，也会导致企业呈现异质性，并和效率的异质性共同影响企业的国际化行为。

金融异质性如何影响企业的对外直接投资行为？企业将部分生产转移到海外市场存在不同的内在动因：市场寻求型（水平FDI、出口平台型 FDI）和成本节约型（垂直 FDI）。其中，马库森（Markusen，1984）、布雷纳德（Brainard，1997）、马库森和韦纳布莱（Markusen and Venables，2000）以及赫尔普曼（Helpman，2004）等从理论模型视角对水平 FDI（horizontal FDI）进行分析。赫尔普曼（Helpman，1984）和耶普尔（Yeaple，2003）的理论模型，用于解释垂直型 FDI（vertical FDI）的投资模式，分析其跨国经营以降低要素价格的内在动因。跨国公司全球区位选择，是伴随着将生产价值链整合入企业边界内的过程进行的。对于企业外外包和企业内外包之间权衡的探讨，在不完全契约和特定关系型投资中已较多涉及；有限的产权保护和模仿的风险（imitation risk）、税收优惠（tax intensive）和利润转移（profit shift）也有不少涉及。在本章中，我们将强调融资因素对企业选择国际化经营战略以及成为跨国公司的影响。具体有三个机制，但三个机制得以成立，是以国内企业相对于外国子公司面临更多融资约束为前提的。首先，当东道国是一个金融市场发展水平较低的国家时，跨国公司会有激励进入其金融脆弱的部门，因为在这些部门中当地企业进入的较少，因而跨国公司的子公司在这些部门中面临的竞争较少，提高了在金融脆弱部门经营的跨国公司的实际利润。这与比利尔等（Bilir et al., 2007）对跨国公司面临更少融资约束以及国内生产者的融资障碍之间的交互作用进行详细分析得到的结论一致。其次，从企业产权的视角来看，金融摩擦可以内生化企业的所有权状态。跨国公司对子公司的直接管控或者资金支持，可以使该子公司更易获得东道国银行的信贷（Antras, 2009）。同时，在金融脆弱部门中，跨国公司的国际化经营更有可能催生内部一体化。贾沃里克和斯塔塔里亚努（Javorcik and Spatareanu, 2009）的研究支持，为了减少信贷约束的限制，捷克的一些企业会倾向于自选择成为跨国公司的供应商。最后，跨国公司为整合各方优势，实现套利，会驱动金融资源实现最优的配置模式。企业总是在寻求各种各样的套利机会，跨国公司会倾向于投资金融脆弱部门中的出口强势企业，以达到整合各方优势及实现套利的目的。

因此，金融异质性是解释企业对外直接投资和国际化行为的重要因素。跨国公司的子公司通过依赖跨国公司内部资本克服外部资本市场不完全导致的流动性约束。如德赛（Desai, 2004）的研究指出，美国的跨国公司更多地依赖从母公司借贷，而较少依赖东道国市场的外部资本市场。在实际汇率大幅度贬值之后，跨国公司的海外子公司较之国内市场取得更大的销售额和投资扩张（Desai et al.，2008），也使企业在金融危机期间较之国内企业具有更好的绩效表现（Alfaro and Chen，2012）。此外，跨国公司可以通过内部配置生产投入的资源，达到减轻由于信贷市场不完全带来的融资约束问题（Antras et al.，2009）。

在此基础上，一些研究试图将金融异质性纳入企业国际化选择问题的分析中，实现对贸易与投资理论和实证研究的整合。布什（Buch，2009）在赫尔普曼（Helpman，2004）扩展的异质性企业模型基础上，构造了一个可用于分析融资约束如何影响企业参与国际经营以及参与形式的分析框架，并采用德国的企业数据实证验证了融资约束是除效率因素外影响企业出口和对外直接投资的重要因素。托多（Todo，2011）在研究日本企业的国际化问题时，系统性地考察了影响企业出口或对外直接投资的决定因素，研究发现效率因素虽然是决定企业国际化的主要原因，但是其实际的解释力有限，企业的融资约束也会在一定程度上阻碍企业的出口或对外直接投资行为。

第四节 融资异质性与企业国际化：中国的经验研究

作为世界上最大的发展中国家和最大的贸易国，中国企业的国际化行为成为学术研究关注的重心。随着异质性贸易理论的发展，也带动了针对中国的金融与贸易的研究由传统的基于比较优势的金融发展与贸易行为的研究向金融异质性与企业贸易研究的演进。为数不多但日益增加的实证分析，也为要素市场不完全下的异质性贸易理论的研究提供了丰富的来自发展中国家的经验证据。

不同文献采用了不同时间段、不同样本量、不同企业类型的数据，均验证了金融异质性是导致中国企业出口行为的重要原因。于洪霞等（2011）使用2000~2003年制造业企业的面板数据进行研究，发现中国企业出口固定成本受到融资约束的影响，制约了企业的出口能力。出口退税政策是中国促进出口的主要政策，可以认为出口退税政策降低了企业的出口变动成本。阳佳余（2012）采用中国2000~2007年持续经营的3万多家工业企业数据，考察企业融资约束对企业出口行为的影响，企业融资状况的改善不仅能提高企业出口的概率，而且对其出口规模也有重要影响。该文献还发现，融资状况的改善对外资企业出口的影响最显著；与国有企业相比，民营企业虽受到更严重的融资约束，但其出口表现并未更差。此外，融资状况改善对那些外源融资依赖度高的行业中的企业出口具有更明显的促进作用。孙灵燕和李荣林（2011）采用世界银行投资环境调查报告（2003）的2400家中国企业数据对金融与企业出口行为进行研究，研究结果表明，外源融资约束是限制企业出口参与的重要因素。该文献进一步发现，企业出口参与对外源融资约束的依赖程度因所有制不同而存在差异。国有企业和外资企业外源融资约束对出口参与的影响不显著，而民营企业外源融资约束对其出口参与起到显著影响。另外，区分出口企业类型的检验结果显示，外源融资约束限制了企业的初始出口，而对于保持出口商地位的作用并不明显。韩剑和王静（2012）使用艾维格数据中心提供的2003~2007年中国工业企业统计数据库（包括统计数据库中所有样本企业）的相关数据，发现银行贷款约束对中国企业的出口选择具有决定性影响，出口可以有效地解决企业贷款难的问题，而企业商业信用融资约束无法通过出口有效化解。此外，已有研究还关注缓解现有金融市场中融资约束的替代机制对企业国际化行为的影响。通过与外商投资企业的经济往来或者关联关系，使内资企业（尤其是面临融资困境的民营企业或者中小企业）更容易获得银行信贷，这与外资企业本身在中国的法律地位和政治地位较高且有母国资金支持而较少面临外部融资困境有关，内资企业可以通过与外资企业建立联络和产业纽带在一定程度上缓解融资约束问题，从而有利于企业开展国际化经营。这可以参考曼诺娃等（Manova et al.，2013）、海瑞克利和彭赛（Hericoury and Poncet，2009）、杜和吉尔马（Du and Girma，2007）、芬斯特拉等（Feenstra et al.，2013）以及罗长远和陈琳（2011）的研究。

值得注意的是，少量针对企业对外直接投资的研究仅简单提及了融资约束对企业对外直接投资的影响。如，葛顺奇和罗伟（2013）在考察中国制造业企业对外直接投资的母公司竞争优势时，也涉及了企业内外部融资约束对企业对外直接投资行为的影响。

第五节　结论及展望

随着异质性贸易理论的发展，人们开始从行业层面的研究转向对企业层面贸易行为的关注。由于金融市场摩擦的普遍存在，导致现实中贸易行为的发生并非完全符合经典异质性贸易理论假定的仅有一种要素（劳动力）的情形，且企业获取外部资金需要支付额外的融资成本，使不同企业融资能力存在异质性。与劳动力市场不完全相同，资本市场的不完全成为研究异质性贸易领域的又一个新分支。

虽然日益增多的针对中国金融体制和企业出口行为的研究为要素市场不完全下的金融异质性与企业国际化研究提供了重要的支持，但是针对这一问题更为深入的研究仍然是空白，这为本书提供了较大的发挥空间,具体来说,包括以下两方面。

第一,极少数文献涉及对融资能力与企业国际化行为的探讨。如,布什(Buch,2010)和托多(Todo,2011)分别对德国和日本的经验分析,但是针对中国企业国际化问题的文献尚不多见,本书在一定程度上丰富了现有的基于异质性贸易理论的企业选择研究的边界。

第二,已有针对金融与中国企业国际化行为的研究,并没有涉及对中国现有金融体系不完善问题的思考。由于现有金融体系的不健全,导致了中国金融市场中存在一些不同于一般市场经济体制的特殊性。这些特殊性会通过影响企业的金融状况,引致企业的金融异质性,继而影响企业的国际贸易行为。

第二章

金融危机冲击后中国出口贸易的微观结构

——基于全球价值链视角

第一节 引言

受2008年全球金融危机影响,2009年中国对外贸易出现自改革开放以来的首次负增长,缩减近17%,贸易额直接减少2 290.8亿美元,2009年底又迅速恢复,12月的增长率约达18%,这是中国改革开放40余年来极为罕见的现象。作为全球价值链下新型国际分工系统的重要组成部分,这场贸易的大崩溃和后期的恢复对中国出口贸易的微观结构产生了哪些影响?哪些产品更容易受到金融危机的冲击?哪些产品后期恢复更加迅速?伴随全球供应链的崩溃,中间产品贸易会受到影响吗?出口贸易的广义边际和集约边际哪个受到金融危机的影响更大?出口集中度和出口价格是否会因为金融危机的影响发生改变?中国企业在全球价值链中的嵌入度,在金融危机期间发生了什么变化?通过解答这些疑问,我们可以更深入地认识此次金融危机对中国出口贸易结构的影响。

随着第一贸易大国和"世界工厂"地位的确立,中国在国际贸易中扮演着越来越重要的角色,大量文献从经验分析角度对中国的贸易结构问题进行了探讨。我们将已有产品层面[①]对中国贸易结构的研究,归纳为以下四个方面。

(1) 出口贸易品的技术结构发生了很大改变,技术复杂度不断提高,但创造的附加值有限。制成品出口占出口总额的比重已超过95%,中国已从以原料为主的出口国转变为以制成品为主的出口国(樊纲等,2006;杨汝岱,朱诗娥,2008;关志雄,2002)。甚至一些文献还指出,中国的出口技术复杂度超过了其自身发展水平而与高收入国家比较接近(Rodric,2006;Schott,2008)。但进一步剖析出口产品构成会发现,以家电、机械和电子等重工业(耐用品[②])为主(Amiti and Freund,2008)的出口产品中,很大一部分中间投入品是从日本、美国等发达国家进口的高技术含量产品(Dean et al.,2007),经过中国的加工组装再出口到国外市场,如果将这部分中间投入品的价值剔除,中国实际创造的附加值十分有限(魏浩等,2005;姚洋,张晔,2008)。[③]

(2) 中间产品贸易对中国贸易的贡献度日益凸显,垂直专业化比率[④]不断提高。艾哈迈德(Ahmed,2007)将出口产品数据分解为初级产品、中间产品和最终产品,发现中间产品贸易占

---

① 由于一些文献还从国家层面和市场维度对出口结构进行了剖析(施炳展和李坤望,2009;樊纲等,2006),鉴于本章研究视角,我们仅对从产品层面贸易结构的研究作归纳。
② 中国没有对耐用品、非耐用品进行分类。伊顿等(Eaton et al.,2010)对中国出口耐用品的界定为,中国工业行业中的重工业除了化学工业为非耐用品工业外,其他归为耐用品工业。
③ 贸易统计只报告最终产品价值,而不是增加值,因此,即使进口了大量高技术含量的中间投入品,最终出口统计时也会一并算入中国出口总额中。
④ 垂直专业化比率通常用于反映一国融入国际生产网络的程度,它运用投入产出方法将一国的进口产品分为用于国内最终消费与用于出口品生产两部分,然后,计算用于出口生产的进口值与出口额的比率。

中国全部制成品贸易的份额增长了约两倍,从 1995 年的 15% 增长到 2005 年的 28%。盛斌和马涛(2008)采用相同的数据得出了类似结论。北京大学中国经济研究中心课题组的研究还发现,中国出口贸易的垂直专业化比率在 1992~2003 年由 14% 上升到 22%,在上涨的 8% 中有 64% 来自日本、韩国和东盟等经济体的中间投入品进口。这也构成了中国在现有全球生产体系中一个特有的贸易模式:从东亚(特别是日本和韩国)进口零部件和中间投入品,再将制成品出口到欧美市场,这种生产网络又被称为三角贸易(triangular trade),是中国对外贸易供给层面的核心(Kuroiwa et al.,2010)。

(3)中国出口贸易的增长,主要依赖集约边际的扩张。阿米蒂和弗罗因德(Amiti and Freund,2008)从产品种类的角度对中国出口二元边际进行考察,发现中国出口贸易的增长主要沿着集约边际的扩张实现。钱学峰和熊平(2010)从产品和市场两个维度来反映二元边际的波动,发现 1995~2005 年中国多边层面、双边层面的出口增长中集约边际占 94%。李坤望(2008)的研究同样证实,1995~2004 年,中国出口贸易增长中集约边际的贡献度为 77%。① 因此,中国出口贸易增长的最主要驱动因素是数量扩大,而不是产品多元化与质量升级,这种模式在短期内能带来巨大收益,但是不可持续,甚至孕育着外部风险(盛斌等,2011)。

(4)中国出口贸易产品的集中程度较高,依靠低价格、规模经济的出口模式,会导致贸易条件在长期内呈现出明显恶化的趋势。阿米蒂和弗罗因德(Amiti and Freund,2008)对比 1992 年、2005 年中国出口产品的贸易结构后发现,中国出口产品的集中度不断增加。但相比之下,集中化的生产单一产品

---

① 不同学者采用的具体测算方法不同,得到的结论也略有不同。

会扩大出口国的对外贸易风险，加剧出口在受到外部冲击时的不稳定性。刘卫江（2002）采用指数方法，对1981~1999年中国出口不稳定性进行了衡量和成因的实证分析，得到出口商品集中度对中国外贸出口稳定性造成负面影响的结论。然而，过度依赖传统优势产品的出口模式，必然会形成以低价格和规模经济为主的竞争优势，随着中国世界第一贸易大国地位的确立，这样的模式在中长期内将恶化中国出口贸易的条件。以1995年为基期（100）（Feenstra，2009），中国的净贸易条件2004年时下降为89，2007年下降为77。这意味着，既有贸易模式存在不容忽视的隐忧，不及时发现问题的症结将有引发"悲惨增长"的可能。

2008年爆发的全球性金融危机引发了二战以来最严重的一次贸易缩减（Baldwin，2009），2008~2009年，贸易量相对GDP缩减了近30%（Feenstra，2011），几乎所有大的经济体都出现了不同程度的贸易崩溃。文献从不同的角度解释这次金融危机为什么会对贸易产生如此深远的影响。

（1）延续20世纪30年代人们对世界经济大萧条引发贸易崩溃的深层次原因的研究，经济学家认为，一旦爆发大的经济危机直接伴生的是人们对耐用品的延迟购买（Engel and Wang，2009；Bems et al.，2010；Levchenko et al.，2010），因为相比生活必需品，耐用品需求的收入弹性更高，一旦经济衰退，人们会先减少非生活必需品的购买，导致耐用品的消费和投资进口需求发生变动，从而引发出口国大萧条后贸易的缩减。

（2）另一些文献从供给层面寻找2008年金融危机导致贸易缩减和贸易结构变化的原因：曼诺娃（Manova，2008）、佐和曼诺娃（Chor and Manova，2010）、阿米蒂和温斯坦（Amiti and Weinstein，2009）和芬斯特拉（Feenstra，2011）研究认为，金融危机会直接影响银行业的经营绩效甚至引发银行破产倒闭，这会导致对外部金融依赖度较高的出口企业陷入严重的融资困境，从而影响企业的出口决策；艾肯格林（Eichengreen，2009）的研究指出，随着国际分工的深化和发展，全球供应链生产对国际贸易的影响不断扩大，一旦供应链的任何一个环节受到外部冲击，都会通过放大效应作用于整条供应链引发贸易额的大幅缩减，伊（Yi，2009）[1]和列夫琴科（Levchenko，2010）等的研究也支持这一结论。黑岩和尾关（Kuroiwa and Ozeki，2010）的研究指出，金融危机爆发后美国和欧洲市场的崩溃不仅会直接影响日本和韩国的出口贸易，还会通过全球生产网络的间接渠道引发日韩贸易的衰退。黑岩和夸莫里（Kuroiwa and Kuwamori，2010）进一步指出，金融危机后韩国机电行业对美国出口的缩减中有30.4%是由于与中国的"三角贸易"对美国出口的缩减造成的。也就是说，对中间品贸易依赖度较高或者参与国际分工越深入的贸易产品会由于全球生产供应链的传导机制受到金融危机更大的冲击。亚历山德里亚等（Alesssandria et al.，2010）认为，融资约束、需求缩减、贸易保护和全球供应链的波动对贸易产生的是持续性的影响，但针对此次危机突然性的大幅崩溃从库存调整的角度更能解释其内在原因，因为全球存货调整可以使进口贸易在短时间内迅速大幅度缩减。伊文奈特（Evenett，2009）和布罗克（Brock，2009）认为，贸易保护的兴起也是加剧全球贸易崩溃的原因，尤其是受到贸易保护国采取特别措施加以限制的贸易产品会遭受更严重的缩减。此外，文献在提出上述假说的基础上，发现贸易边际的结构不同（广延和集约边际的构成）会对贸易崩溃后恢复的速度和持久性（durability）、受危机冲击的影响程度和对国内经济刺激政策的反应产生不同的影响（Haddad et al.，

---

[1] 有研究表明，近十年贸易的垂直专业化出现了巨大的增长（Hummels，Ishii and Yi，2001），认为这种行业层面的垂直专业化增长在传播国家之间的冲击中扮演着重要的角色。

2010）。具体来说，如果一国出口的增长主要来源于集约边际，将极易遭受外部冲击从而引发贸易大幅波动；而主要依赖广义边际的出口模式具有更高的稳定性，且不易出现贸易条件恶化的现象（Hummels and Klenow，2005；Hausmann and Klinger，2006）。但相对而言，集约边界在受到冲击后，只要经济基本面充分改善，恢复速度也会较快，而广义边际一旦由于国内外市场环境波动（企业融资约束、贸易保护主义抬头）造成冲击后，恢复也较为困难[①]（Schott，2009）。

2008年爆发的全球金融危机对中国同样造成了巨大的冲击，冲击的强度远远超过1997年亚洲金融危机，在2009年底出口贸易又表现出明显的复苏迹象，见图2-1。此次历史性的金融危机作为一个特殊事件，为研究中国出口贸易结构创造了一次难能可贵的自然试验，相比在经济平稳运行时考察一国贸易结构的研究，金融危机的冲击为我们提供了一个"反向"研究贸易结构的最佳视角。同时，在已有研究中国贸易模式的经验文献中，尚没有通过此次"二战"后最大的金融危机研究中国出口贸易微观模式的文献。虽然，一国贸易结构在正常情况下具有较高的稳定性（经典的贸易理论为简化分析会假定一国贸易结构不变），除非政策出现大幅调整带来的长期冲击可能会影响一国贸易结构（如贸易自由化），但是，我们仍可借着本次金融危机的不利冲击，从另一个侧面探寻潜藏在既有贸易结构背后的薄弱环节。因为，一国贸易结构中固有的特质恰恰会在金融危机冲击面前成为造成贸易缩减的因素（外部需求、供给层面和二元边际）。

[①] 有文献指出，如果这场金融危机和美国历史上的历次危机一样，是由于贸易量的减少而不是企业进入、退出造成的，只要经济条件改善，贸易就可以迅速回升。但是，如果由于过去一些年企业的信贷短缺造成企业难以维持存续而退出市场，势必会影响潜在的恢复速度（Schott，2009）。

我们通过金融危机后贸易崩溃产品层面的假说，包括耐用品构成、全球供应链和二元边际的结构，结合传统的、新近的贸易模式研究中的产品结构（技术密集度）、中间产品、二元边际、集中度和价格以及全球价值链的参与程度几个角度，采用世界投入产出数据库（WIOD）中的世界投入产出表和联合国商品贸易数据库（UN commtrade）多个维度的出口产品贸易数据（包括 SITC 3.0 版的三位数据和五位数据以及 HS92 版的六位数据，最多涉及 4 492 种产品和 211 个贸易伙伴出口数据）进行整合处理，从金融危机冲击角度重新剖析中国现有出口贸易结构中存在的脆弱性和不稳定性，从而找到中国出口贸易结构总量繁荣背后可能存在的隐忧和薄弱环节，并从抵御外部风险角度为贸易模式转变提供更为有利的现实依据。

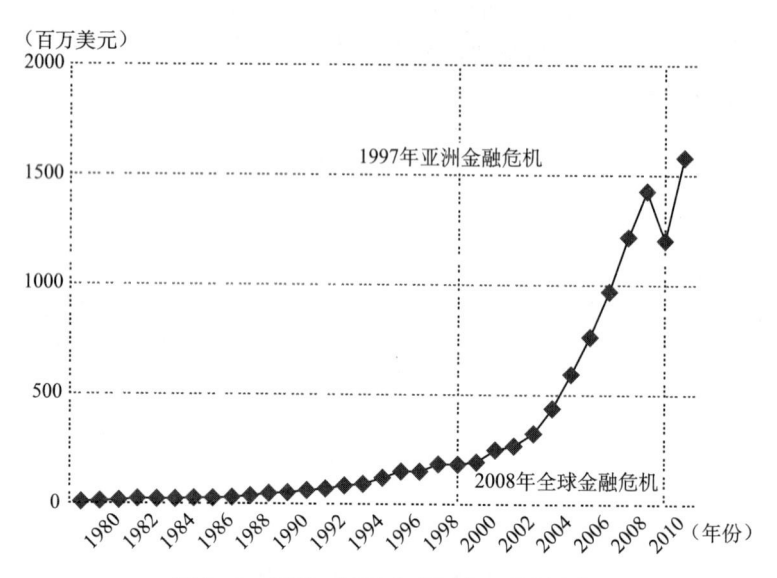

图 2-1　1978~2010 年中国出口贸易走势

资料来源：笔者根据国家统计局相关数据，采用 Stata 软件，绘制而得。

第二节 出口贸易的微观结构之一
——技术密集度

随着制成品贸易在出口贸易中愈加重要，仅从要素禀赋差异角度显然无法完全解释贸易的原因，特勒弗勒尔（Trefler, 1995）"消失的贸易"的经验研究，最先将技术结构问题融入一国贸易结构的考察中，从而大大提升了传统贸易理论的解释力。与此直接相关的是出口产品的技术密集度（附加值）问题，这一问题的研究在中国备受关注。我们将基于产业间贸易理论的贸易结构分析归纳为以下两种方法：第一种方法是简单考察国际贸易产品分类。例如，根据《国际贸易标准分类》（SITC）下出口产品的分类构成。第二种方法是根据产品的要素密集度或技术密集度进行分类。但是，无论是采用国民经济投入产出表的要素密集度分类还是制成品的技术含量分类，都是针对发达国家的产品贸易所做的分类，从而忽视了发展中国家自身出口结构的特点。我们采用拉尔（Lall, 2000）专门为发展中国家设定的一个比较科学的产品分类，[①] 选取 2008~2010 年 SITC 2.0 版本的 3 位产品中的中国对世界出口贸易数据（包含 236 种产品），按技术密

---

① 虽然不可否认，拉尔（Lall, 2000）的分类，也存在一些技术处理上的问题：（1）没有区分同一类别产品之间质量的差别。如同样是服装贸易，高级定制时装和批量生产的服装，就无法通过这一分类做详细区分。（2）没有考虑不同产品在不同地点生产所需要的科技水平。如半导体的生产可能既包括在美国高科技的生产过程，也包括在中国简单的加工组装过程，在利用这些数据进行分析时，把两种生产环节所生产的产品都作为高科技制成品。（3）这一分类无法考虑产品内的技术革新。但是，鉴于我们所掌握数据的限制，以及需要分析的问题，可以从技术密集度分类的角度，通过对数据的细致分析来考察中国出口贸易在金融危机后呈现出的波动情况，以及不同技术水平分类的产品在危机冲击下表现的情况。

集度分解为 3 大类和 11 个小类，测算结果见表 2-1。

表 2-1　2008~2010 年中国出口贸易按照技术密集度分类　　单位：%

分类	比重 2008 年	比重 2009 年	比重 2010 年	增长率 2008 年	增长率 2009 年	增长率 2010 年
总出口	100.00	100.00	100.00	17.12	-16.02	31.36
初级产品（PP）	30.44	30.38	30.30	12.12	-17.55	28.21
制成品	96.24	96.25	96.36	17.52	-16.01	31.51
资源类（RB）	80.66	70.93	80.07	26.34	-23.09	33.60
低科技含量（LT）	30.57	30.15	29.35	15.52	-17.16	27.87
纺织、服装、鞋类（LT1）	15.41	16.63	15.84	90.81	-9.42	25.13
其他产品（LT2）	15.15	13.53	13.52	21.96	-25.04	31.24
中等科技含量（MT）	24.69	23.56	24.00	24.18	-19.86	33.79
自动化（MT1）	20.51	20.11	20.22	23.23	-29.48	38.22
加工类（MT2）	50.97	40.39	50.21	16.66	-38.23	55.73
工程类（MT3）	16.21	17.06	16.57	27.36	-11.60	27.59
高科技含量（HT）	32.31	34.60	34.94	12.64	-10.09	32.64
电子和电力（HT1）	29.31	31.36	31.64	11.89	-10.15	32.54
其他产品（HT2）	30.01	30.24	30.30	20.47	-9.56	33.61
其他产品（Other）	00.32	00.38	00.34	-22.93	-2.63	20.73

资料来源：笔者根据联合国贸易统计数据库（UN Comtrade Database）中的相关数据，测算而得。

首先，2008 年全球金融危机前后，按技术密集度划分的中国出口贸易结构基本延续和保持了已有的贸易模式。2008~2010 年，制成品占中国总出口贸易额的比重均高于 96%，初级产品只占出口份额的一小部分。这也印证了樊纲等（2006）、杨汝岱和朱诗娥（2008）以及关志雄（2002）研究中国出口贸易结构得出的中国已从以原料为主的出口国转变为以制成品为主的出口国的结论，金融危机虽然使中国出口贸易额呈现大幅度缩减，但总体出口结构并没有受到根本性影响。其次，制成品内部的出口结构也基本保持稳定,其中,高技术含量的电子和电力制成品(HT1)以及中等科技含量的工程类耐用品(MT3)为分类出口中主要的出口品,占总出口额的约48%。但是,这种贸易模式本身存在一定的内在风险,与依赖中国劳动力优势出口的低技术含量制成品(LT类产品),如纺织服装类产品等生活必需品不同,HT1类产品和MT3类产品大多为耐用品,这些产品的出口收入弹性较高,一旦进口国由于金融危机的冲击导致收入下降会立刻缩减对耐用品的进口需求,同时,经济基本面转好后,随着进口国收入水平的上升,耐用品的出口又会迅速增加(如2010年HT1以32.54%的增长率恢复出口),导致以耐用品为主的出口模式极易受到外部冲击的影响。姚枝仲等(2010)测算1992~2006年中国出口的短期收入时也发现,中国的出口收入弹性大约为2.34(大于1为弹性较高),进一步支持了本章按照技术密集度分析出口结构得到的结论。这在一定程度上说明,"耐用品缩减"假说是解释中国现有耐用品出口比重较高的贸易结构在金融危机后呈现出口贸易大幅缩减。

第三节 出口贸易的微观结构之二 ——中间产品

迪尔道夫(Deardoff,1979,2005)对赫克歇尔—俄林模型和李嘉图模型分别预测的贸易结构进行经验验证,发现比较优势理论不能完全解释贸易中获得的收益,但考虑了中间产品贸易能得到更好的解释。于是,经济学家开始关注垂直专业化生产的产品内国际分工,以及与之相关的中间产品贸易、服务外包和全球供应链等问题,贸易理论的研究对象也由产品层面深入到工序层面,由产品间分工扩展到产品内分工。随着对外开放和参与国际分工的不断深化,中国在全球生产供应链中扮演着越来越重要的角色,中间产品贸易成为研究中国贸易结构问题的一个重要维度。我们将借鉴艾哈迈德等(Ahmed et al.,2007)将贸易产品按用途分解为初级产品、中间产品和最终产品,采用2008~2010年 SITC 3.0 版五位产品出口数据(包含2609种产品),分别观测危机冲击前后出口结构情况和出口波动情况,见表2-2。

表2-2　2008~2010年中国出口贸易按产品用途分类　　单位:%

分类	年份	进口比重	进口增长率	出口比重	出口增长率
总出口	2008	100.00	10.48	100.00	19.57
	2009	100.00	-5.76	100.00	-16.51
	2010	100.00	34.87	100.00	31.41
初级产品	2008	14.50	19.36	5.77	20.90
	2009	15.29	-0.61	5.81	-15.90
	2010	16.63	46.75	5.86	32.45
中间产品	2008	49.71	7.77	35.99	21.57
	2009	51.13	-3.07	31.53	-26.86
	2010	49.55	30.71	33.93	41.41
最终产品	2008	35.79	11.01	58.24	18.24
	2009	33.58	-11.57	62.66	-10.18
	2010	33.81	35.80	60.21	26.28

注:此处总出口的增长率和第2节中按技术密集度测算的增长率略有不同,原因是采用的产品数据集 SITC 2.0 和 SITC 3.0 统计口径略有差异。

资料来源:笔者根据联合国贸易统计数据库(UN Comtrade Database)中的相关数据,测算而得。

总体来看,2008~2010年,中间产品占进口产品的份额高达51.13%,最终产品占出口产品的份额最高为62.66%,并且,这一比重在金融危机前后几乎没有发生大的改变。中间产品成为主要进口品与中国长期推行"出口导向"的贸易政策有直接关系,中间产品进口享有低于最终产品进口的关税优惠(Kuroiwa and Ozeki,2010;Gaulier et al.,2007),其中,又以日本、韩国等东亚国家的进口为主。北京大学中国经济研究中心课题组(2006)测算1992~2003年中国出口贸易的垂直专业化比率由

14%上升到22%，其中，有64%来自日本、韩国和东盟等东亚经济体的中间投入品进口。同时，中国廉价的劳动力成本成为吸引外资和促进加工贸易发展的核心因素，大量进口的中间产品经过组装以最终产品的形式再出口到发达国家，使得最终产品成为中国主要的出口品。经采用SITC 3.0版五位出口产品数据的测算，中国55%的最终产品出口到OECD发达国家。这就使得中国市场与东亚（特别是日本和韩国）市场、欧美市场之间形成了一种"三角贸易"模式的全球生产供应链关系。即中国从日本和韩国等东亚经济体进口零部件和中间投入品，然后，将制成品出口到欧美市场。一方面，这样的出口模式更加明确了中国在世界经济中扮演联通各国贸易发展的"枢纽"作用（Ahmed et al., 2007）；另一方面，也加剧了中国出口贸易的外部风险。黑岩和尾关（Kuroiwa and Ozeki, 2010）对中国与东亚、欧盟等国家之间形成的新型的国际分工网络表示担忧，并指出这样的全球供应链模式是导致中国等东亚国家遭受2008年金融危机冲击的最根本传导机制。因此，这样的出口模式会由于下游发达国家市场受到金融危机直接冲击引发的外部需求萎缩而发生断裂，加之中国和日韩等国的内部垂直关联本身的脆弱性，也会由于金融危机通过贸易的传导进一步恶化现有的贸易环境。因此，无论全球供应链的下游市场或上游的市场出现衰退，都会直接影响作为供应链中间环节的中国的出口贸易，这也进一步印证了"全球供应链"假说在解释产品层面贸易崩溃的内在合理性。

第四节　出口贸易的微观结构之三
——二元边际

随着异质性贸易理论的兴起和发展，对国际贸易结构的研究也衍生出了一个新的视角——出口增长的广义边际（extensive margin）和集约边际（intensive margin）。① 这也使得传统贸易理论无法解释的现实中的零贸易问题以及出口产品种类、目标国的波动与延续并存的现象得到了充分解答。② 因此，一些文献开始从一国出口贸易二元边际的视角来研究出口贸易的结构问题，不仅可以观测出口的模式特征，也可以解释出口总量背后经济体基本面的稳定性。目前，尚没有专门从金融危机角度研究中国出口贸易二元边际的经验文献，本章借鉴詹森（Jenson，2010）分析亚洲金融危机对美国贸易影响的方法，采用 HS92 版的六位产品数据（包含 211 个国家和 4492 种产品），分别从时间序列维度和横截面维度，刻画中国出口贸易的二元边际在外部冲击下的结构和波动情况。

---

① 对二元边际的界定问题，理论界存在一定分歧。一般认为，集约边际是既有产品出口（贸易数量）带来的贸易波动；集约边际是新产品出口（产品种类）带来的贸易额波动（Hummels and Klenow，2005）或者出口目标国的变更（Helpman et al.，2008）引起的贸易额波动。也有学者将新市场和新产品同时纳入考虑广义边际（Aumrgo-Pacheco and Pierola，2008；Berthelon，2011）。此后，有学者将产品价格的变动（Haddad et al.，2010）、出口企业及企业内部出口结构（Arkolakis and Muendler，2008）的变更，也引入二元边际的分析中。二元边际的测算，在新贸易理论中已经有部分学者开始关注（Broda and Weinstein，2004），但最近又再度兴起，取决于以下两方面因素：在实证上，细化的微观企业和产品数据可以获得；在理论上，克鲁格曼（Krugman，1980）奠定的新贸易理论在研究企业出口行为时假定，企业出口，要么全部企业都出口，要么没有企业出口，贸易成本只反映在集约边际上，因此，仅存在集约边际之说。但随着新新贸易理论的发展，梅里兹（Melitz，2003），伯纳德等（Bernard et al.，2003）研究指出，出口企业的效率存在差异，只有那些具有较高效率的企业才可以克服出口的固定成本进行出口贸易，这不同于新贸易理论设定的企业都出口或都不出口的条件，也与现实中企业的行为更加相符。于是，企业出口又产生了一个新的边际——广义边际。

② 传统的贸易理论有两个基本假设：（1）一国对全世界所有国家都开展出口贸易；（2）一国出口贸易的结构具有路径依赖，不会轻易改变（Lall，2000）。但在现实中，大量存在的零贸易问题及出口产品种类、目标国的数量波动和存在时间延续并存与经典贸易理论假设违背，异质性贸易理论在考虑了个体企业出口决策的效率差异和出口固定成本的基础上，为我们理解现实中贸易流量的特征提供了理论支持。

一、时间序列维度

我们先从时间序列维度刻画金融危机前后二元边际在总体贸易波动中的构成情况。在已有研究中，阿米蒂和弗罗因德（Amiti and Freund，2008）采用中国海关统计的 HS 8 位出口产品分类标准和美国海关统计的 HS 10 位进口产品分类标准，[①] 对中美贸易以及中国对世界贸易的二元边际进行分解，但仅考察了产品种类变更维度的广义边际。钱学峰和熊平（2010）采用中国出口贸易的 HS 6 位产品数据，借鉴奥姆戈—帕切科和皮诺拉（Aumrgo-Pacheco and Pierola，2008）的分类方法，分别从产品和市场两个维度来反映广义边际的波动，但仅考虑了新老产品和新老市场的问题。为了对现有数据做最详尽的分析，[②] 我们将结合詹森（Jenson，2010）和贝尔特隆（Berthelon，2011）的二元边际测算方法，分别从出口目标国和出口产品两个维度来界定出口总量的波动情况，并将不同时期的出口产品和出口市场分为持续的（persistent）、新进入的（new）和消失的（disappearing）三大类。[③] 因此，可以将全部出口额定义为 $X_t = \sum_{i=1}^{I_t} \sum_{k=1}^{K_t} x_{t,i,k}$，其中，

[①] 阿米蒂和弗伦德（Amiti and Freund，2008）从中美统计数据的两个维度来考察贸易边际，主要是为了尽可能减少由于 1996 年 HS 代码变更造成的统计分类调整的影响，但在我们研究的数据集（2008～2010 年）中不存在这个问题。

[②] 鲍德温（Baldwin，2006）的研究已经提醒我们采用 HS 92 版的六位产品数据相比已有研究中更高位精细数据较显粗糙，很可能会因为没有充分捕捉产品种类的变化而低估广义边际，所以，我们认为，选择一个更加细致的分析角度对考察 HS 6 位码下中国贸易边际问题是十分必要的辅助手段。

[③] 我们认为，考虑消失的产品是十分必要的，因为忽视消失的产品会产生扩展边际的高估。贝塞德斯和普鲁萨（Besedes and Prusa，2007）指出，一些发展中国家以出口关系的高失败率为代价来维持贸易边界的扩展，达到促进出口增长的关系是十分脆弱的。因此，将大量消失的产品从广义边际中剔除，可以解决这个问题带来的扩展边际高估问题。

$x_{t,i,k}$ 代表 t 时期产品 k 出口到市场 i 的贸易额,I_t 为 t 时期所有市场的集合,K_t 为 t 时期所有产品的集合。

如果将贸易活动分解为 t 期和 t−1 期,两个时期的贸易市场(伙伴)集合,可以表示为 $I_t = I_t^P + I_t^N$ 和 $I_{t-1} = I_{t-1}^P + I_{t-1}^D$。其中,$I_t^P$ 代表持续出口的贸易伙伴关系,I_t^N 代表 t−1 期没有出口,t 期有新的出口目标国;I_{t-1}^D 代表 t−1 期时还存在但在 t 期消失的贸易伙伴关系。同样,对于两个时期的产品集合可以表示为 $K_t = K_t^P + K_t^N$ 和 $K_{t-1} = K_{t-1}^P + K_{t-1}^D$。其中,$K_t^P$ 代表持续出口的贸易产品;K_t^N 代表 t−1 期没有发生出口,但 t 期有新的贸易产品;K_{t-1}^D 代表 t−1 期存在 t 期消失的贸易产品。根据上述定义,可以将 t−1 期到 t 期的出口波动表示为:

$$\sum_{i=1}^{I_t}\sum_{k=1}^{K_t}x_{t,i,k} - \sum_{i=1}^{I_{t-1}}\sum_{k=1}^{K_{t-1}}x_{t-1,i,k}$$

$$= \left[\underbrace{\sum_{i=1}^{I_t^P}\sum_{k=1}^{K_t^P}x_{t,i,k} - \sum_{i=1}^{I_{t-1}^P}\sum_{k=1}^{K_{t-1}^P}x_{t-1,i,k}}_{\text{持续的贸易}}\right]$$

$$+ \left[\underbrace{\sum_{i=1}^{I_t^P}\sum_{k=1}^{K_t^N}x_{t,i,k} + \sum_{i=1}^{I_t^N}\sum_{k=1}^{K_t^P}x_{t,i,k} + \sum_{i=1}^{I_t^N}\sum_{k=1}^{K_t^N}x_{t,i,k}}_{\text{新的贸易}}\right]$$

$$- \left[\underbrace{\sum_{i=1}^{I_{t-1}^P}\sum_{k=1}^{K_{t-1}^D}x_{t-1,i,k} + \sum_{i=1}^{I_{t-1}^D}\sum_{k=1}^{K_{t-1}^P}x_{t-1,i,k} + \sum_{i=1}^{I_{t-1}^D}\sum_{k=1}^{K_{t-1}^D}x_{t-1,i,k}}_{\text{消失的贸易}}\right]$$

对于上式中持续贸易部分,又可进一步分解为因为产品国家组合调整(新的组合和消失的组合)带来的贸易波动和持续的贸易数量波动。

$$\underbrace{\sum_{i=1}^{I_t^P}\sum_{k=1}^{K_t^P}x_{t,i,k} - \sum_{i=1}^{I_{t-1}^P}\sum_{k=1}^{K_{t-1}^P}x_{t-1,i,k}}_{\text{持续的贸易}}$$

$$= \sum_{k \in \text{Per}} (x_{t,i,k} - x_{t-1,i,k}) + \sum_{k \in \text{Per. N}} x_{t,i,k} - \sum_{k \in \text{Per. D}} x_{t-1,i,k}$$
持续的产品国家组合　　新的产品国家组合　　消失的产品国家组合

在上式中，集约边际仅为持续的贸易中持续的产品国家组合部分；广义边际包含两个层面：新的贸易与消失的贸易之差，以及新的产品国家组合与消失的产品国家组合之差。其中，新的贸易包括，新的国家、新的产品和新的产品国家组合；消失的贸易包含旧的产品、旧的国家和旧的产品国家组合。归纳起来，广义边际、集约边际的表达式可以写为：

$$\text{广义边际} = \left[\underbrace{\sum_{i=1}^{I_t^P} \sum_{k=1}^{K_t^N} x_{t,i,k} + \sum_{i=1}^{I_t^N} \sum_{k=1}^{K_t^P} x_{t,i,k} + \sum_{i=1}^{I_t^N} \sum_{k=1}^{K_t^N} x_{t,i,k}}_{\text{新的贸易}} \right]$$

$$- \left[\underbrace{\sum_{i=1}^{I_{t-1}^D} \sum_{k=1}^{K_{t-1}^P} x_{t-1,i,k} + \sum_{i=1}^{I_{t-1}^P} \sum_{k=1}^{K_{t-1}^D} x_{t-1,i,k} + \sum_{i=1}^{I_{t-1}^D} \sum_{k=1}^{K_{t-1}^D} x_{t-1,i,k}}_{\text{消失的贸易}} \right]$$

$$+ \underbrace{\sum_{k \in \text{Per. N}} x_{t,i,k}}_{\text{新的产品国家组合}} - \underbrace{\sum_{k \in \text{Per. D}} x_{t-1,i,k}}_{\text{消失的产品国家组合}}$$

$$\text{集约边际} = \underbrace{\sum_{k \in \text{Per}} (x_{t,i,k} - x_{t-1,i,k})}_{\text{持续的产品国家组合}}$$

按照上述公式，我们分别用 2007~2008 年、2008~2009 年以及 2009~2010 年的产品数据，测算了金融危机前后中国出口贸易二元边际时间序列维度的变化情况。首先，在 2008~2010 年，中国出口贸易的波动主要是沿集约边际实现的，出口贸易波动的 97% 都可由集约边际解释，广义边际占据的比重十分有限。这与阿米蒂和弗罗因德（Amiti and Freund，2008）、钱学峰和熊平（2010）以及李坤望（2008）对中国出口贸易二元边际构成的研究结论一致。其次，观测集约边际的波动，发现新产品、新市场的开发对贸易增长的解释十分有限，目前，出口贸易的广义边际主要由产品、国家组合的调整构成。根据异质性贸易理论，新产品和新目标市场的开发会使企业面临更多的出口固定成本，对出口企业的效率要求也会更高，因此，广义边际的内涵主要为产品，国家组合的调整，许多研究二元边际的经验文献也支持这一结论（Jenson et al.，2010；Evenett and Venables，2002；Hummels and Klenow，2005；Kehoe and Ruhl，2008）。但相比之下，中国企业在开展对外贸易时对新产品、新市场的开拓能力更为薄弱，新产品和新目标市场占贸易波动的比重几乎为 0，这一点应引起我们对造成中国企业开拓新产品、新市场能力薄弱深层次原因的关注（见表 2-3）。

表 2-3 2007~2010 年中国出口贸易二元边际时间序列维度的测算

类型	二元边际分解	波动额（10亿美元） 2007~2008年	2008~2009年	2009~2010年	比重（%） 2007~2008年	2008~2009年	2009~2010年
进入出口市场	新的产品（1）	0.03	0.01	0.01	0.01	0.00	0.00
	新的国家（2）	0.00	0.66	0.00	0.00	-0.29	0.00
	新产品新国家组合（3）	0.00	0.00	0.00	0.00	0.00	0.00
退出出口市场	消失的产品（4）	-0.03	-1.69	-0.04	-0.02	0.75	-0.01
	消失的国家（5）	0.00	-0.73	0.00	0.00	0.33	0.00
	消失的产品国家组合（6）	0.00	0.00	0.00	0.00	0.00	0.00
持续存在于出口市场	新的产品国家组合（7）	9.87	5.98	7.71	4.74	-2.66	2.10
	消失的产品国家组合（8）	-7.44	-11.93	-5.33	-3.57	5.29	-1.45
	持续的产品国家组合（9）	205.80	-217.54	364.75	98.84	96.58	99.36
广义边际	进入退出组合（10=1+2+3-4-5-6）	0.00	-1.76	-0.03	0.00	0.78	-0.01
	组合调整（11=7-8）	2.43	-5.94	2.38	1.16	2.64	0.65
	总的广义边际（12=10+11）	2.42	-7.70	2.35	1.16	3.42	0.64
集约边际	贸易量波动（13）	205.80	-217.54	364.75	98.84	96.58	99.36
全部	总的贸易量波动	208.22	-225.24	367.10	100.00	100.00	100.00

资料来源：笔者根据《中国海关进出口贸易数据库》中的相关数据，采用 Stata 软件，整理而得。

二、横截面维度

作为世界第一大贸易国，中国与世界上绝大多数国家都在开展贸易，国际贸易的一个典型特征就是贸易对象众多，也就是宽横截面现象。因此，从横截面角度测算二元边际是一个重要的维度，不仅可以反映中国在每一年份中二元边际的绝对量，更可以通过两年的对比分析金融危机前后二元边际中哪个边际受到更大的冲击。具体来说，将我国在 t 年的全部贸易伙伴设定为 y_t、贸易产品数目为 i_t，贸易密集度为 d_t，总出口贸易额为 v_t，平均出口贸易额为 $\bar{v}_t$，并满足以下表达式：

$$v_t = y_t i_t d_t \bar{v}_t \qquad (2-1)$$

在式（2-1）中，$d_t = o_t/(y_t i_t)$，o_t 代表出口贸易额为正的所有国家—产品贸易记录，$y_t i_t$ 代表潜在的贸易记录。并不是所有与中国存在对外贸易关系的国家在所有产品上都与中国开展贸易活动，因此，可以通过实际贸易记录占潜在贸易记录的比率反映一国贸易的密集度。根据上述分析，平均出口贸易额代表一国出口贸易的集约边际，实际贸易伙伴—产品代表出口贸易的广义边际。将式（2-1）取对数后，可以进一步分解贸易的二元边际构成。其中，平均出口贸易额代表一国出口贸易的集约边际，贸易产品、贸易国家和出口密集度的加总，代表广义边际。①

$$\ln v_t = \underbrace{\ln y_t + \ln i_t + \ln d_t}_{\text{广义边际}} + \underbrace{\ln \bar{v}_t}_{\text{集约边际}} \qquad (2-2)$$

总体上看，一方面，中国出口贸易的集约边际对外部冲击的

---

① 分解式通过简单变形，还可以得到许多贸易边际的有益信息。将上述对数形式分解式与 $d_t = o_t/(y_t i_t)$ 组合，如果将出口密度变动和出口产品变动对总体贸易波动的解释力度加总，就可以得到每个国家贸易数目 o_t/y_t。同理，也可以得到每个产品的贸易数目 o_t/i_t。如果所有国家出口单一产品，则 $d_t = o_t/(y_t i_t) = 1/i_t$；如果所有国家出口全部产品，则 $d_t = o_t/(y_t i_t) = 1$。

敏感度更高。2008~2009年，平均出口额减少近18%，超过了总体贸易的缩减水平，2009~2010年，出口贸易的集约边际又表现出大幅度增长，高达27%的恢复水平。肖特（Schott，2009）在研究金融危机后美国贸易波动时也发现了同样的情况。① 另一方面，广义边际在面对金融危机冲击时具有比集约边际更高的稳定性，2009年相比2008年，广义边际仍有约2%的上涨幅度。胡梅尔斯和克莱诺（Hummels and Klenow，2005）以及豪斯曼和克林格（Hausmann and Klinger，2006）研究指出，广义边际通过提升出口国多元化的生产结构，有利于抵御外部冲击对贸易的影响。钱学峰和熊平（2010）利用中国出口贸易数据进行实证分析，发现外部冲击对集约边际会产生显著的负向效应，但对广义边际却不存在这种负向作用。

为了从多个维度分析横截面维度二元边际的波动，我们还按照世界银行世界发展指数（world development index，WDI）界定的主要高收入发达国家（OECD）② 和摩根士丹利资本国际（MSCI）公司划分的新兴市场国家③进行分类测算。从分国家类型的

---

① 肖特（Schott，2009）指出，如果这场金融危机如同美国历史上的历次危机一样，是因为贸易量的减少而不是企业进入、退出造成的，只要经济条件改善，贸易就可以迅速回升。但如果因为过去几年企业的信贷短缺造成其难以存续而退出市场，势必会影响潜在的恢复速度。

② WDI划分的OECD高收入国家，包括澳大利亚、奥地利、比利时、加拿大、捷克、丹麦、爱沙尼亚、芬兰、法国、德国、希腊、匈牙利、冰岛、爱尔兰、以色列、意大利、日本、韩国、卢森堡、荷兰、新西兰、挪威、波兰、葡萄牙、斯洛伐克、斯洛文尼亚、西班牙、瑞典、瑞士、英国、美国。

③ 目前，对于新兴市场国家的界定没有统一标准，主要是一些投资信息资源，如《全球新兴市场商业资讯》《经济学人》或者市场指数庄家（如摩根士丹利资本国际公司）在进行精确划分。我们比对了MSCI和道·琼斯全市场指数（Dow Jones total stock market indexes）等机构划分的新兴市场经济体名单，发现MSCI的分类标准认可度较高，由于数据可得性，我们选取了其所划定的19个国家作为新兴市场国家，包括巴西、智利、哥伦比亚、捷克、埃及、匈牙利、印度、印度尼西亚、马来西亚、墨西哥、摩洛哥、秘鲁、菲律宾、波兰、俄罗斯、南非、韩国、泰国、土耳其。

测算上看，高收入国家和新兴市场国家的二元边际波动与总体贸易缩减一样，主要表现为集约边际的大幅缩减。这与发达国家和新兴市场国家是本次金融危机的直接受害国和受到全球经济一体化的传导影响有直接关系，其自身经济基本面受到金融危机的冲击超过其他发展中国家受到的间接影响的程度，同时，这些国家也是中国主要的出口目标市场，因此，在金融危机后中国对这些国家出口贸易的集约边际表现出了大幅缩减的现象（见表2-4）。

表2-4　2008~2010年中国出口贸易二元边际横截面维度的测算

对全世界出口	绝对数				波动（%）		
	2007年	2008年	2009年	2010年	2007~2008年	2008~2009年	2009~2010年
国家（个）	211	210	211	211	-0.47	0.48	0.00
产品（种）	4 492	4 453	4 449	4 452	-0.87	-0.09	0.07
国家—产品组合	307 781	318 427	324 678	336 873	3.46	1.96	3.76
出口密度	0.32	0.34	0.35	0.36	4.86	1.57	3.69
平均出口（千美元）	3 964.05	4 493.00	3 696.02	4 679.15	13.34	-17.74	26.60
总出口（十亿美元）	1 220.06	1 430.69	1 200.02	1 576.28	17.26	-16.12	31.35

对OECD国家出口	绝对数				波动（%）		
	2007年	2008年	2009年	2010年	2007~2008年	2008~2009年	2009~2010年
国家（个）	31	31	31	31	0.00	0.00	0.00
产品（种）	4 348	4 307	4 290	4 291	-0.94	-0.39	0.02
国家—产品组合	79 150	79 195	78 438	79 404	0.06	-0.96	1.23
出口密度	0.59	0.59	0.59	0.60	1.01	-0.56	1.21
平均出口（千美元）	8 602.58	9 919.00	8 301.40	10 559.74	15.30	-16.31	27.20
总出口（十亿美元）	680.89	785.53	651.15	838.49	15.37	-17.11	28.77

对新兴市场国家出口	绝对数				波动（%）		
	2007年	2008年	2009年	2010年	2007~2008年	2008~2009年	2009~2010年
国家（个）	19	19	19	19	0.00	0.00	0.00
产品（种）	4 277	4 231	4 218	4 222	-1.08	-0.31	0.09

续表

对新兴市场国家出口	绝对数				波动（%）		
	2007年	2008年	2009年	2010年	2007~2008年	2008~2009年	2009~2010年
国家—产品组合	55 277	55 635	55 571	56 875	0.65	-0.12	2.35
出口密度	0.68	0.69	0.69	0.71	1.74	0.19	2.25
平均出口（千美元）	4 175.39	5 297.29	4 204.60	5 772.75	26.87	-20.63	37.30
总出口（十亿美元）	230.80	294.72	233.65	328.33	27.69	-20.72	40.52

资料来源：笔者根据《中国海关进出口贸易数据库》中的相关数据，采用 Stata 软件，整理而得。

第五节　出口贸易的微观结构之四——集中度和价格

一、出口集中度

古典贸易理论基于产业间贸易假设——同一个产业内部产品是同质的，一国增加出口贸易的方式就是通过专业化生产本国具有比价优势的产品降低出口产品价格，从而实现出口数量扩张的目的。阿米蒂和弗罗因德（Amiti and Freund，2008）研究发现，中国出口倾向于集中化，但相比之下，集中化生产单一产品会扩大出口国的对外贸易风险，加剧出口在受到外部冲击时的不稳定性（刘卫江，2002）。那么，金融危机之后中国出口结构的集中度是否依然很高，还是做了适应性的调整呢？我们将计算得到的全部产品出口份额和前1 000种出口产品份额按照降序排列，并通过作图的方式比对2008~2010年的集中度变化情况，见图2-1。

为了更清晰地量化出口贸易的集中程度，我们借鉴阿米蒂和弗罗因德（Amiti and Freund，2008）研究中国出口贸易结构集中度的方法，进一步测算出口额前 100 位产品和占出口额 70% 的产品的基尼（Gini）系数，反映中国出口贸易的集中化程度。基尼系数的计算公式如下：

$$Gini = 1 - \frac{1}{n}\sum_i (cshare_{i-1} + cshare_i) \qquad (2-3)$$

在式（2-3）中，n 表示某一时期出口产品的种类，i 是将每一产品按照其占总出口额的比重从小到大排序后产品的序列号，$cshare_i$ 表示前 i 种产品占出口总额比重的加总，即累计的出口份额。得到的基尼系数越接近于 0，表示该国的出口分散化程度越高（分布越平均）；基尼系数越接近于 1，表示该国的出口分散化程度越低（分布越集中）。由于基尼系数需要测算每种产品占总出口额的比重，采用越详细的产品分类会得到越精确的测算结果，因此，本章将采用可获得数据中最详尽的 HS92 版 6 位码测算 2007~2010 年[①]中国出口贸易的基尼系数。通过表 2-5 发现，金融危机前后中国出口贸易的集中程度仍然保持较高水平，总体上没有出现大幅度波动和调整。但观测出口额前 100 位的产品我们发现，主要出口产品的基尼系数呈现出有趣的现象：出口额前 100 位产品的集中度在 2009 年出现了一定幅度上升，2010 年继续保持上升趋势。这说明，金融危机后较大规模的出口产品集中度并没有下降，金融危机对这些较大规模的出口产品冲击较小，这也说明，金融危机后贸易量的大幅缩减应主要集中在小规模出口产品的缩减上。可能的解释是，主要出口产品大多为中国传统的优势出口产品，加上多年来对外贸易的经验积累，这些产品相比新开发、小规模的出口产品具有更强的抗风险能力，当外部冲击来临时，先冲击的是经济体最薄弱的环节，也就是新开发的产品，结果使得金融危机后传统优势出口产品的集中度不减反增。

---

① 中国海关 HS 六分位产品编码在 2007 年做了重大调整，调整前后的产品分类有较大区别，无法进行统一比较，故我们选取 2007~2010 年的数据测算 Gini 系数。

表 2-5　2007~2010 年中国出口贸易 Gini 系数的测算

年份	全部产品	占出口份额 70% 的产品	占出口额前 100 位的产品
2007	0.85	0.56	0.49
2008	0.84	0.55	0.48
2009	0.85	0.57	0.51
2010	0.85	0.57	0.52

资料来源：笔者根据《中国海关进出口贸易数据库》中的相关数据，采用 Stata 软件，整理而得。

二、出口价格

出口集中度过高和多度依赖于集约边际增长的出口模式，表明中国出口增长可能存在一种"薄利多销"的特点。阿米蒂和弗罗因德（Amiti and Freund，2008）将中国对美国出口产品价格指数与其他国家出口价格指数作比较后发现，中国出口存在依靠数量优势的低价销售现象。[①] 本章借鉴阿米蒂和弗罗因德（2008）中设定的加权汤氏指数（chain weighted Tornqvist index）测算中国平均出口产品的价格。

$$\text{Tindex}_t = \prod_i \left(\frac{p_{it}}{p_{it-1}} \right)^{w_{it}} \qquad (2-4)$$

在式（2-4）中，$w_{it} = 0.5 \times (\text{share}_{it} + \text{share}_{it-1})$，$\text{share}_{it}$ 表示 t 年出口产品 i 占全部产品出口额的比重；p_{it} 表示单位价值通过第 t 年出口产品 i 的出口金额和出口数量相除得到。我们采用 HS92 版六位产品贸易数据，测算 1992~2010 年中国对美国出口贸易的价格指数，为了剔除可能的汇率因素和通胀因素对价格指数的影响，我们使用 IMF 提高的 1992~2010 年实际有效汇率（以 2005 年为基期）和 WDI 提供的中国 CPI 数据（以 2005 年为

---

① 阿米蒂和弗罗因德（2008）指出，这种低价格也可能和中国出口企业效率的提高、利润边际的降低以及汇率波动有关。

基期），分别剔除汇率和通胀因素的影响，我们将测算结果作于图 2-2 中，以观测 2008 年金融危机前后出口价格的波动。

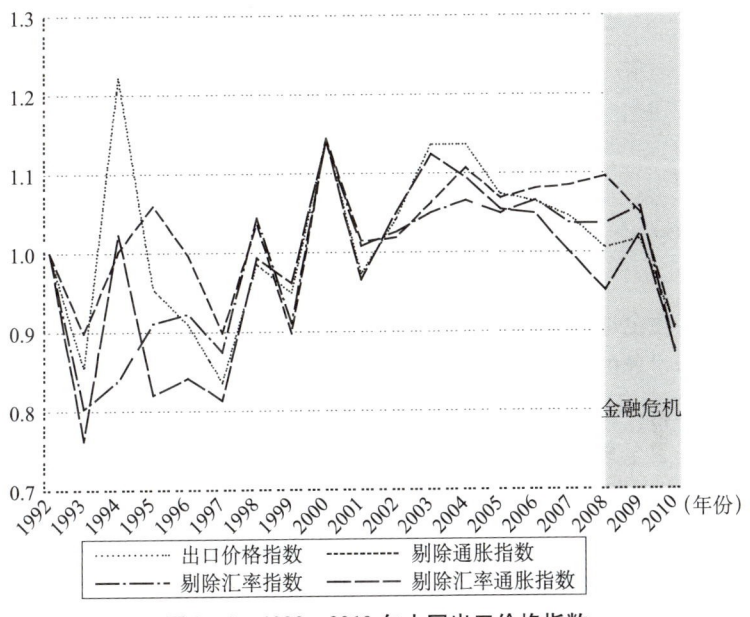

图 2-2　1992~2010 年中国出口价格指数

从图 2-2 中可以看到，中国出口价格指数在 2003 年之后呈现不同程度的下滑趋势，其中汇率因素和通胀因素的价格指数下滑尤为明显。虽然未经剔除汇率和价格因素的价格指数在金融危机后的 2009 年继续保持下滑走势，但是，剔除价格因素和汇率因素后的价格指数在 2009 年却呈现上升趋势。哈达德等（Haddad et al.，2010）在研究全球金融危机对巴西、欧盟、印度尼西亚和美国进口贸易的影响时指出，需求层面的因素造成贸易波动会引起价格下降，供给层面的因素则会引起价格上涨。因此，从本章测算得到的价格指数来看，在金融危机后影响出口贸易缩减的众多因素中，供给层面的因素不容忽视。根据已有对金融危机后贸易缩减的假说，供给层面的因素包括，全球供应链、融资约束、存货调整和贸易保护，因此，对于引起中国出口低价格的深层次原因还有待进一步研究。

第六节　出口贸易的微观结构之五
——全球价值链视角下的增加值质量

一、全球价值链下的增加值贸易：总出口

伴随全球经济一体化的进程和电子信息技术的发展，以跨国公司为主导的要素全球配置催生了国际化生产、加工贸易、外包等新型生产方式和贸易模式，促使价值链在各国之间不断延展细化，基于全球价值链（global value chain，GVC）下的新型国际分工与贸易体系逐步形成（Gereffi，1999；Humphrey and Schmitz，2000）。在此背景下，传统的"国家制造"已经转变为"世界制造"，传统意义上的"货物贸易"也已变成"任务贸易"（张磊，徐琳，2013；WTO & IDE-JETRO，2011）。与基于全球价值链下的新型国家分工体系发展相伴生的，是对传统的贸易总流量统计方式的挑战。由贸易总量的贸易统计方式，无论是在贸易总量还是贸易结构上都存在很大程度的重复计算，导致依据该方法测算的贸易统计数据实际上夸大了该笔出口的实际出口量及其对国内经济的贡献，扭曲了人们对国际贸易格局和一国贸易发展程度的认知（Koopman et al.，2010；Benedetto，2012），造成"所见非所得"（Maurer and Degain，2010）。世界贸易组织（WTO）和经合组织（OECD）于2012年3月15日启动了"增加值贸易测算"的联合研究项目，从而推动增加值贸易统计工作的主流化，并使其成为国际统计系统的一个永久组成部分。因此，基于增加值贸易的视角，对国家间贸易流量的再统计，成为

当前国际组织、经济学研究人员的研究热点（Dean et al.，2011；Johnson and Noguera，2012；Koopman et al.，2012）。

库普曼（Koopman，2010）、王等（Wang et al.，2013）等认为，如果一国处于全球价值链的上游环节，会通过向其他国家提供原材料或者中间品参与国际生产；相反，如果一国处于全球价值链的下游环节，就会使用大量来自别国的中间品来生产最终产品。本章借鉴王等（Wang et al.，2013）等方法，通过分解出口中的国外增加值部分，进一步测算一国的垂直专业化（VS）水平，即一国总出口中的国外价值，该指标也被广泛应用于经济学文献中衡量跨国生产分工的综合性统计指标（Hummels et al.，2001；Antràs，2013）。为了得到该指标，我们先通过投入产出表分解一国贸易中的出口增加值，通过对最终吸收地及吸收渠道彻底分解双边中间贸易品流量的基础上，把双边总贸易流量分解为16个增加值和重复计算部分，见图2-3。

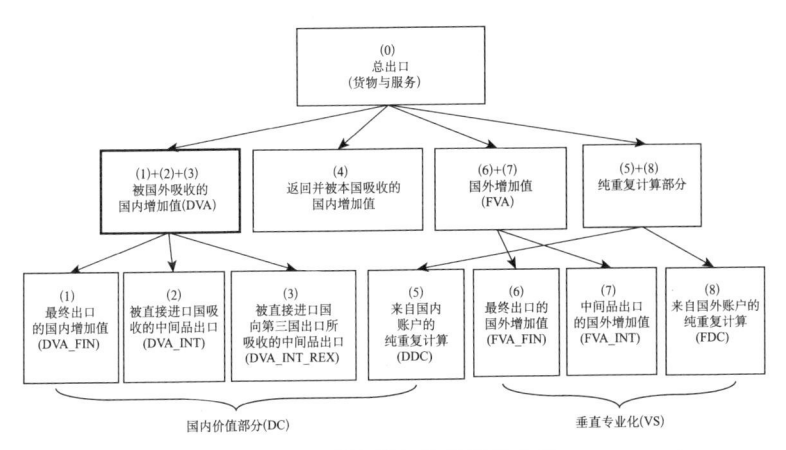

图2-3　出口增加值的具体分类

注：E适用于任何层级的总贸易统计数据：国家层面/部门层面，国家汇总层面，双边层面/部门层面，或双边汇总层面。DVA和RDV是基于部门间的后向联系计算的。

资料来源：笔者根据王等（Wang et al.，2013）的图1a-1c整理而得。

我们可以根据一国出口中的国外增加值部分（FVA），进一步测算出该国的垂直专业化程度（VS）。然而，根据图 2-4 可以看出，VS 中包括不同组成部分，每一部分有不同的经济含义，代表不同的跨国生产分工类型。要全面把握全球价值链的有关信息，仅计算 VS 总值是远远不够的，研究 VS 的结构，可以帮助我们更好地理解每个国家/部门在全球价值链中所处的位置及其发展变化。

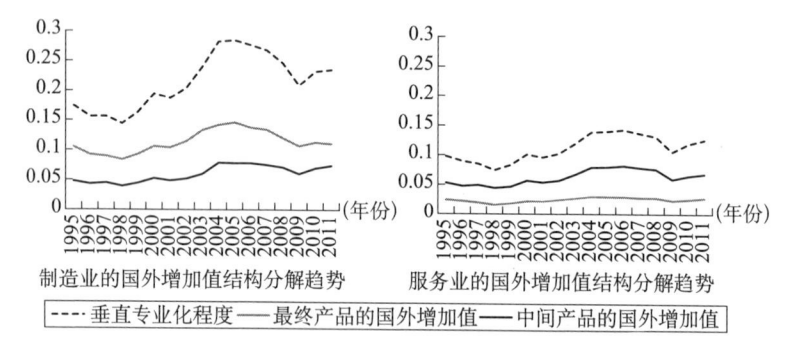

图 2-4　1995～2011 年制造业的国外增加值结构分解趋势和
服务业的国外增加值结构分解趋势

资料来源：笔者根据世界投入产出数据库（WIOD）整理绘制而得。

第一，最终产品出口中外国增加值占出口总额的比重（FVA_FIN）。可能意味着出口国主要从事利用进口零部件进行最终产品组装的生产活动，只是参与全球价值链中低端的跨国生产分工。

第二，一国中间出口品中的外国增加值占出口总额的比重（FVA_INT）上升，特别是当越来越多的中间贸易品被出口到第三国并用于最终产品生产，可能意味着该国正在进行产业升级，使得国内企业更多的将进口获得的中间品经改造、更新后出口，而不是最终产品的简单组装与加工，因而该国企业正逐渐从全球价值链的低端向"两端"（即上游研发环节和下游营销环节）爬升，其获得的贸易利得更高。

第三，在一国出口中，外国增加值的重复计算部分占出口总额的比重（FDC），只有在存在多国间重复的中间品贸易时才出现。FDC 在 VS 中的比例上升，表明跨国生产分工深化。换而言之，中间贸易品在被用于最终产品生产之前，跨越国境的次数在不断增多。

因此，了解一国总 VS 中这些组成部分的结构及其变化态势，可以帮助我们识别和度量跨国生产分工的类型与深度，以及发现随着时间推移一国垂直专业化分工（VS）增长的主要驱动因素。在本章的研究中，我们采用世界投入产出数据库（WIOD）中的世界投入产出表①（WIOTs），选取 WIOTs 中 1995~2011 年包含了 13 个制造业部门②以及 27 个欧盟成员国③、其他 12 个主要国家④和世界其他地区，分别测算垂直专业化（VS）、最终产品出口的外国增加值占出口总额的比重（FVA_FIN）、中间出口品的外国增加值占出口总额的比重（FVA_INT）和出口中外国增加值的重复计算部分占出口总额的比重（FDC）四个指标，全面评估中国各行业在全球价值链中的地位和状态。

图 2-5 对 1995~2011 年中国出口贸易的国外增加值结构进行了系统地分解。首先，从总体来看，1995~2011 年，中国出口贸易在全球价值链的参与程度大体上呈逐年提高的趋势，这一趋势在 2001 年加入 WTO 之后表现得尤为突出，与"入世"之前相比，中国的垂直专业化程度提高了近一倍。但值得注意的是，

---

① WIOTs 包含以下信息：不同部门中间品和最终产品在国家内部及国家之间交换的情况；所有国家不同部门的直接价值增值；所有国家各部门的产出。

② WIOTs 涵盖的部门共 35 个，其中，包括生产行为产品分类（classification of products by activity, CPA）标准下的 16 个生产部门和 19 个服务部，其中，制造业部门为 13 个。

③ 27 个欧盟成员国包括奥地利、比利时、保加利亚、塞浦路斯、捷克、丹麦、爱沙尼亚、芬兰、法国、德国、希腊、匈牙利、爱尔兰、意大利、拉脱维亚、立陶宛、卢森堡、马耳他、荷兰、波兰、葡萄牙、罗马尼亚、斯洛伐克、西班牙、瑞典和英国。

④ 其他 12 个主要国家包括加拿大、美国、巴西、墨西哥、中国、印度、日本、韩国、澳大利亚、土耳其、印度尼西亚、俄罗斯。

2008年金融危机冲击，使中国2009年在全球价值链中的参与程度出现明显下降，但是衰退的趋势在2010年开始得以遏制，并向好的趋势转变。其次，中间产品的国外增加值占比也呈现增长趋势，根据前述分析，中间产品的国外增加值代表了一国开始从事为国外提供中间产品的生产，而不是简单的组装加工，在一定程度上反映了该国在全球价值链中地位的提升。再次，最终产品的国外增加值占比仍然是构成中国国外增加值占比的主要组成部分（50%左右）。这在很大程度上说明，中国出口贸易中的很大一部分价值创造来源于较低端的组装加工或加工贸易，处于全球价值链分工体系的低端环节。但是，这一现象在2005年达到最高峰值后，伴随中国贸易模式转变和出口结构优化，最终产品的国外增加值占比开始出现小幅下降趋势，中国的出口在全球价值链中的地位正在逐步升级。最后，重复计算部分在出口总额中的比重相对较小且保持了较为稳定的趋势，总体上还是出现了一定幅度的上涨。这也表明，中国参与全球价值链的分工更加频繁和深化，中间产品在用于最终生产之间，在多国之间进行了跨境流动。

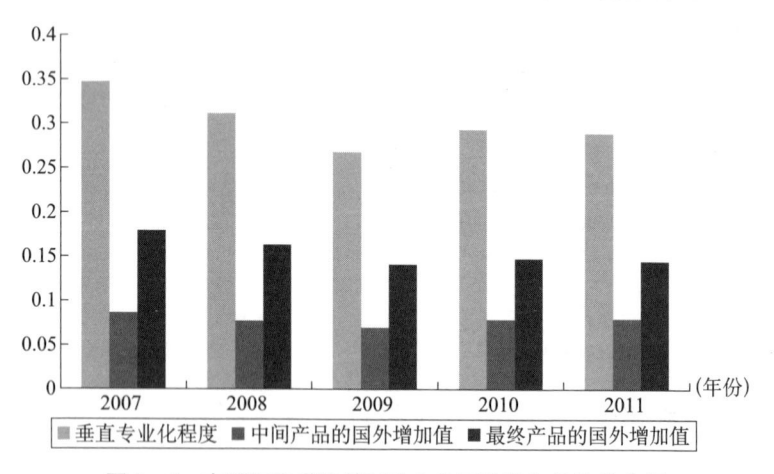

图2-5 电子和光学仪器制造业的国外增加值结构分解

资料来源：笔者根据世界投入产出数据库（WIOD）整理绘制而得。

二、全球价值链下的增加值贸易

我们将出口贸易总额按照三大产业划分，并分别测算每一个产业的垂直专业化程度、中间产品的国外增加值和最终产品的国外增加值。图2-4中的左图为在1995~2011年制造业的国外增加值结构分解趋势，右图为服务业的国外增加值结构分解趋势。总体来看，制造业和服务业的垂直专业化程度都在逐年提高，但制造业参与全球价值链的程度要高于服务业。2008年金融危机之后，制造业和服务业的垂直专业化程度都呈现了不同程度下降，并在2010年得以恢复。相比之下，服务业的恢复能力要优于制造业，2011年，服务业在全球价值链中的参与程度已基本达到了金融危机之前的水平，而制造业的恢复相对缓慢。另外，在制造业的国外增加值构成中，最终产品的国外增加值占据绝大部分。这表明，中国的制造业出口中从事价值链较低端的加工组装业务仍然占据主导地位，虽然这一比重在2008年之后开始有所下降。与此形成对照的是，服务业中间产品的国外增加值占出口总额的绝大部分，表明中国的服务业出口集中在为其他国家提供中间产品，处于价值链的相对上游环节，在全球价值链中的地位较高。

进一步对制造业进行细分，我们选取电子和光学仪器制造业行业为分析对象，见图2-5。电子信息技术行业占中国出口贸易额的比重高达40.63%（列第一位），也是全球价值链深化程度最高的行业（OECD.《全球价值链的贸易政策影响的报告》）。因此，选取电子和光学仪器制造业为分析对象，无论是在市场份额还是全球价值链中的影响力来说，都是非常具有代表性的。总体而言，电子和光学仪器制造业的垂直专业化程度在中国30个制造业部门中列第二位，仅次于煤炭、炼油和核燃料加工业，且这一比重逐年增加，虽然在 2008 年金融危机后有小幅下降，但危机之后就开始逐步恢复。另外，虽然电子和光学仪器制造业在全球价值链中的参与程度较大，但是，高度的参与主要表现为中国长期从事较低端的加工组装业务，即最终产品的国外附加值是构成国外增加值的主要成分，中国实际创造的附加值非常有限，这也在中间产品的国外增加值占比很低上得以体现。因此，作为世界上第一大电子信息技术产品的贸易国，中国在全球价值链的分工体系中实际所处的位置并不乐观，很多核心技术仍然受制于人，处于价值链附加值创造的低端。如何全面提升中国在全球价值链中的地位，将是中国今后贸易增长方式转型和经济结构调整的关键所在。

第七节　结论

本章从 2008 年全球金融危机冲击的全新视角，结合传统和新近贸易结构研究的分析方法，采用 HS 和 SITC 多个维度的产品贸易数据，深入剖析中国经济运行和贸易模式中潜藏的弱点和优势。虽然金融危机冲击作为一个短期效应对中国贸易结构并不会产生"立竿见影"的大幅调整效应，但是，金融危机为我们研究中国已有贸易模式中的传统优势是否在金融危机冲击下演变为新的风险提供了一个绝好的契机，并为中国贸易结构调整和转型找到真正的着力点提供可靠的事实支持。归纳起来，我们得到以下七点结论。

第一，耐用品占出口份额的比重较高，金融危机冲击使人们延迟耐用品消费和投资，会直接导致耐用品出口份额较高的模式受到较大的直接冲击。

第二，处于全球供应链中间环节的中间品贸易，极容易受到上下游产业链国家经济环境稳定性的影响。随着中间产品贸易在中国贸易模式中的作用愈加重要，金融危机对出口贸易缩减的潜在风险也在增长。

第三，由于集约边际对意外冲击的敏感度较高，以集约边际增长为主的贸易模式在危机冲击下会表现出短期内迅速缩减和经济环境转好后快速回调的现象。

第四，相比之下，广义边际在外部冲击面前的稳定性更高，但中国的广义边际对贸易增长的作用有限，并且，主要集中在新的产品—国家组合的调整上。

第五，金融危机之后主要出口产品的集中度上升。这表明金融危机对较大规模的出口产品冲击较小，金融危机后的贸易缩减主要是小规模出口产品贸易量的缩减。

第六，中国出口价格指数的短期上升，意味着此次金融危机影响中国出口贸易波动的主要因素可能是供给层面的原因。

第七，中国出口贸易在全球价值链的参与程度逐年提高，这一趋势在2001年加入WTO之后表现得尤为突出，与"入世"之前相比，我们的垂直专业化程度提高了近一倍。但值得注意的是，2008年金融危机冲击，使中国2009年在全球价值链中的参与程度出现明显下降，但是，衰退的趋势在2010年得以遏制，并向好的趋势转变。值得注意的是，中国出口贸易中很大一部分价值创造来源于较低端的组装加工或加工贸易，目前，仍然处于全球价值链分工体系的低端。

第三章

融资异质性与企业国际化

——来自中国微观层面的经验证据

第一节 引言

贸易是企业开展国际化业务、实现"走出去"战略目标的传统方式。伴随着全球化进程的推进，企业对外直接投资（outward foreign direct investment，OFDI）逐渐成为企业开展国际化业务的又一种重要模式。新近发展的贸易文献试图将企业国际化的模式整合进新的贸易理论。这些文献强调企业会通过多样性的渠道接触国际市场：可以直接出口产品到国外市场，或者通过建立海外分支机构、授予外国公司经营执照的方式开展产品生产。2008年金融危机爆发后，越来越多的研究着眼于考察金融因素对实体经济的影响，全球贸易和外商直接投资下降不仅是由外部需求缩减导致的，更为严峻的外部融资状况也是其重要原因。[1]

---

[1] 乔尔和曼诺娃（Chor and Manova，2012）提供了非常有力的证据支持信贷约束在出口中的作用。融资约束会限制金融脆弱部门的出口广延边际扩张。同时，在金融危机冲击下，这些部门对美国的出口贸易出现更为严重的缩减。阿米蒂和温斯坦（Amiti and Weinstein，2011）对日本的研究也证实了这一结论。他们发现如果日本的出口商绩效和银行绩效表现较差，将会使其海外出口销售面临更大的缩减。芬斯特拉等（Feenstra et al.，2011）对中国的研究表明，中国的出口企业比内销企业面临更严重的融资约束，在2008年金融危机冲击下企业的出口出现大幅缩减。哈达德等（Haddad et al.，2010）发现，危机后美国的进口产品价格上升，这与市场需求下降的现象不相符，但是由于出口商缺乏出口信贷导致的供给下降可以解释这一现象。

我们的模型强调的企业国际化选择是指,企业在出口和水平FDI之间的选择。水平FDI是指,企业投资于外国生产设备,以用于服务外国市场的销售。当企业可以获得的收益超过了多市场经营所需的贸易成本时,便会选择对外直接投资的国际化经营模式,即就近取舍集中(proximity-concentration trade-off)。在我们的模型中,将企业的金融异质性因素引入企业面临"就近取舍集中"的国际化经营决策中。由于企业采取不同的经营模式,面临不同的相对成本,导致每个企业在进行具体经营决策时,需考虑是否服务海外市场、是开展出口业务还是仅在国内销售。

已有的针对异质性贸易理论与企业国际化选择的研究,更多地从效率的角度进行探讨。以赫尔普曼等(Helpman et al, 2004)为代表的异质性贸易理论的经典研究指出,由于进入海外市场需要支付进入成本,只有效率超过一定水平的企业才可以克服进入成本的障碍,实现出口或者对外直接投资。然而,越来越多的文献研究发现,效率因素并不是解释企业出口或者OFDI的唯一原因(Bernard et al., 2003; Mayer and Ottaviano, 2007; Eaton et al., 2008)。我们则强调企业间的融资能力差异在解释国际贸易与投资结构时的重要性。企业的金融异质性,也是解释企业国际化选择行为的重要原因。此外,融资能力最弱的企业选择仅在国内市场经营,那些融资能力相对更强的企业选择开展出口业务,融资能力最强的企业可以实现对外直接投资。

我们采用商务部提供的《境外投资企业名录》和国家统计局的《中国工业企业数据库》构建出一套经验数据,论证了由企业的融资能力引致的金融异质性是解释企业出口和对外直接投资的重要原因。我们还采用不同的企业外部融资能力的测量方式和不同的样本,以确保模型设定和估计结果的稳健性。此外,我们还强化了就近取舍集中的预测,即当贸易摩擦过高或者企业的规模收益较小时,企业倾向于采用对外直接投资的模式替代出口行为。同时，金融异质性变量所带来的效应，就类似于影响企业国际化行为时就近取舍集中效应的变量。

如前文所言，我们的模型预测融资能力最弱的企业仅在国内市场销售，相对较强的企业开展出口业务，融资能力最强的企业进行对外直接投资。为此，我们提供了一些证据，来支持这一排序形式。我们对样本中国际化程度不同的三类企业的利息支出率（利息支出占销售收入的比重）进行了测算，将其分布的核密度列于图3-1中。从图3-1可以看出，OFDI企业的外部融资能力处于三类企业中的最高水平，出口企业次之，内销企业的外部融资能力最弱。这一发现验证了已有研究涉及的融资能力对企业出口或对外直接投资行为的重要影响的结论。同时，也强化了我们理论模型的一个重要推论：在1%显著性水平下，对外直接投资企业的平均融资能力超出了出口企业近4%。

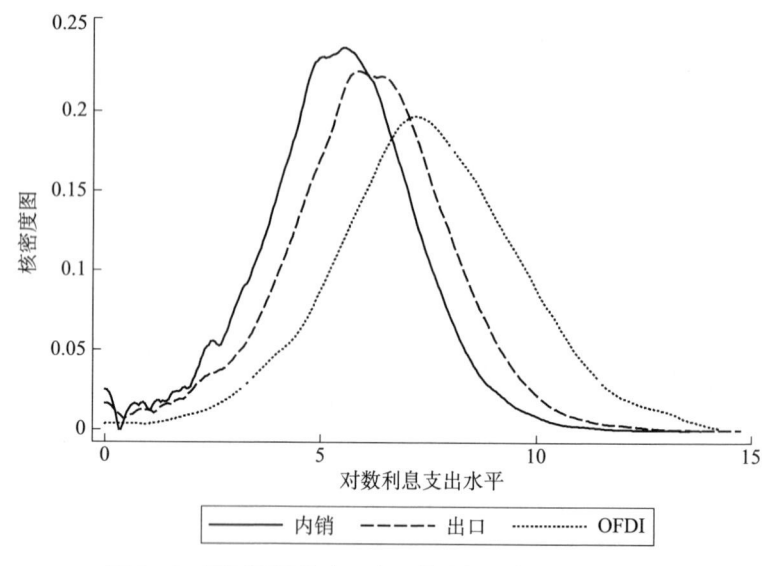

图3-1 不同国际化水平企业的外部融资能力核密度图

资料来源：笔者根据《中国工业企业数据库》中的相关数据，采用Stata软件，采用Stata软件，绘制而得。

然而，关于融资约束与企业国际化问题的研究，大多侧重于国际化研究中的一个方面，融资约束与企业国际化选择的文献尚不多见，尤其是针对中国企业国际化的研究。本章将在已有文献基础上，尝试做以下三方面贡献。

首先，本章创造性地从融资约束的视角探讨了中国企业国际化的问题，试图寻找经典异质性贸易理论分析框架下其他决定企业国际化选择的异质性原因，并采用更具现实性的分析框架进行了经验验证。已有研究主要着重于探讨金融异质性与贸易之间的关系，如钱尼（Chaney，2013）、曼诺娃（Manova，2013）和穆尔斯（Muûls，2008）等的研究。[①] 同时，来自中国企业层面的经验分析，也支持了融资因素对出口行为重要影响的结论。如曼诺娃等（Manova et al.，2011）、芬斯特拉等（Feenstra et al.，2011）、于洪霞等（2011）、韩剑和王静（2012）、孙灵燕和李荣林（2011）以及阳佳余（2012）的研究。虽然有极少数研究涉及对融资能力与企业国际化行为的探讨，如，布什等（Buch et al.，2010）和托多（Todo，2011）分别对德国和日本的经验分析，但是，针对中国企业国际化问题的研究尚不多见。本章的研究在一定程度上丰富了现有的、基于异质性贸易理论的企业选择研究的边界。

其次，我们的研究发现，与效率因素类似，融资能力最强的企业会选择进行对外直接投资，融资状况次好的企业会选择出口，融资能力最弱的企业只能在国内市场开展业务，即金融异质

---

① 钱尼（Chaney，2013）最早将流动性约束（liquidity constrains）纳入梅利萨（Meliza，2003）的异质性企业模型，认为企业的融资约束与生产率一样都是异质性的来源，面临较少融资约束的企业更能克服进入海外市场的出口固定成本，从而更容易实现出口。与钱尼（Chaney，2013）关注内部融资不同，曼诺娃（Manova，2013）假定企业主要通过外部方式进行融资，无障碍的外部融资或更低的外部融资需求，可以增大企业出口参与率。此后，穆尔斯（Muûls，2008）将内外部融资同时引入米里兹（Melitz，2003）模型中，发现融资约束对企业的出口倾向和出口总量都会产生影响。

性也会导致企业国际化进程中出现就近取舍集中。这一发现与赫尔普曼等（Helpman et al.，2004）所强调的效率因素是解释企业国际化重要原因的结论相呼应。因此，来自中国这个发展中国家的经验证据，为异质性是解释企业出现"就近取舍集中"的研究提供了重要的补充和扩展。

最后，已有针对融资约束与贸易的研究较为普遍，但对融资因素与企业对外直接投资行为的研究为数不多。少量针对企业对外直接投资的研究，仅简单提及融资约束对企业对外直接投资的影响。葛顺奇和罗伟（2013）在考察中国制造业企业对外直接投资的母公司竞争优势时，也涉及企业内外部融资约束对企业对外直接投资行为的影响。本章通过构造一套定制数据，为考察融资约束与企业的对外直接投资行为提供了系统、全面的经验支持。

第二节　理论模型和研究假说

在本节中，我们基于异质性贸易理论的基本框架，构造一个可用于分析企业国际化选择行为的模型，并着重提出融资因素影响企业国际化行为的若干假说。一般而言，企业的融资能力是企业获取外部资金能力的综合表现，通常会受到企业自身和外部环境两方面因素的影响。其中，企业自身层面的因素，包括企业的抵押资产占比、消费者结构、管理体系、商业信用水平、生产组织结构等；外部环境层面的因素，包括企业所处行业的外部融资依赖度、企业所在地区的金融发展水平等因素。这些因素会与企业自身的融资能力产生叠加效应，从而对企业的生产经营决策产生复杂的作用机理。

在模型中，企业面临两种不同的国际化经营方式：出口贸易和对外直接投资（OFDI）。对外直接投资即企业在东道国建立子公司，并在当地直接销售产品。为了进入海外市场，企业面临国际化经营的固定成本 F_j，j = EX 时，表示出口贸易的固定成本；j = OFDI 时，表示 OFDI 的固定成本。不失一般性，假定 $F_{OFDI} > F_{EX}$，即 OFDI 所面临的固定成本要高于出口所需支付的固定成本。因为出口时，企业面临的固定成本包括了解潜在出口市场的获利能力，市场定制化的专项投资，产品定制化和纠纷调解，以及设立和保持外国的分销网络。然而，OFDI 时，企业除了上述成本外，还需要额外支付经营管理的其他相关费用，如研发开支和产品的更新、市场调研、广告以及固定资本的设备投资。此外，我们将企业生产的边际成本表示为 c/φ，其中，$\varphi \geq 0$ 代表企业的效率水平，[①] c 表示单位产出的生产成本。无论是国内生产还是国际化经营都会面临大量需提前垫付的资金，而这一部分资金是企业无法从未来的销售收入或内部现金流来完全满足的。同时，国际化经营还可能面临更多的风险与不确定性、订单完成周期更长的可能以及由此伴生的对保险的需求，[②] 导致对外部资金的需要会远远高出国内生产经营所需。在我们的模型中，企业可以通过内部融资和外部融资两个途径来保证经营所需的充足资金，且外部融资的成本往往要高于内部融资的成本。[③] 当企业进入市场时，期望从外部金融市场获得比率为 q 的资金，（1 - q）

[①] 企业效率水平会由于企业的不同而不同，但由于本章着重考察的是代表性企业的选择行为，故忽略企业的特定标识。

[②] 科夫等（Djankov et al., 2010）指出，在通常情况下，跨国运输导致国际贸易的订单会比国内销售晚 30~90 天实现。据奥博文（Auboin, 2009）统计，一个非常活跃的国际贸易保险市场在 2008 年创下了 10 万亿~12 万亿美元的收益。超过 90% 的国际贸易，都在某种程度上依赖于贸易金融。

[③] 企业内部融资，包括企业的利润留存、所有者自有资金、亲朋好友的贷款等，融资成本相当于资金的无风险收益；外部融资则表示内部融资以外的所有融资方式，通常来源于外部的金融中介，融资成本高于内部融资成本。根据"优序融资理论"，企业将先选择内部融资的方式，只有在其无法满足资金需求时才考虑外部融资。

部分由内部融资提供。其中，获得单位外部资金所需支付的成本为 γ。我们将参数 q 作为反映企业层面因素对融资约束的影响，参数 γ 作为综合反映企业自身以及外部环境特性导致的融资约束。

模型符合 Dixit-Stiglitz 垄断竞争模型的设定，消费者在给定的总支出 E 下，为实现效用最大化的配置目标，一个代表性消费者的效用函数见式（3-1）。

$$U = \left(\int_{\omega \in N} (s(\omega))^{\frac{\sigma}{1-\sigma}} d\omega \right)^{\frac{\sigma}{1-\sigma}} \quad (3-1)$$

在式（3-1）中，N 代表可获得产品种类的数目，$\sigma > 1$ 代表替代弹性。通过最大化代表性消费者的效用函数，我们可以获得企业提供的特定产品的需求函数见式（3-2）。

$$s(p_j, P) \equiv s_j = \frac{E p_j^{-\sigma}}{P^{1-\sigma}} \quad (3-2)$$

在式（3-2）中，p_j 代表企业对产品设定的价格，P 代表总体的价格指数，j = EX, OFDI 代表企业的两种国际化选择行为。因此，$s(p_j, P)$ 表示企业选择出口或者 OFDI 时，对产品定价为 p_j 的情况下，市场对其产品的需求水平。

但企业选择出口贸易需要支付一定的冰山成本 $\tau_{EX} = \bar{\tau} > 1$。若企业选择对外直接投资时，不需要支付冰山成本，此时，$\tau_{OFDI} = 1$。但企业可以通过内部融资获得足够的生产经营资金时，我们可以得到企业的利润函数为：

$$\pi_j = \frac{p_j s_j}{\tau_j} - \frac{c}{\varphi} s_j - F_j \quad (3-3)$$

若企业需要通过外部融资才可以获得所需资金时，企业的利润函数表达，见式（3-4）。

$$\pi_j = \frac{p_j s_j}{\tau_j} - \gamma \left(\frac{c}{\varphi} s_j + F_j \right) \quad (3-4)$$

由于在异质性贸易理论中，企业是连续的，任何企业调整价格并不会改变总体的价格指数。企业会通过设定价格实现利润最大化的目标，考虑到企业需要外部融资，我们对价格取一阶导数，并结合式（3-2），得到企业的最优价格表达，见式（3-4）。

$$p_j = \frac{\gamma c \tau_j}{\varphi} \frac{\sigma}{\sigma - 1} \qquad (3-5)$$

运用式（3-2）和式（3-5），可以得到企业销往海外市场的最优产品数量：

$$s_j = \frac{E}{P^{1-\sigma}} \left(\frac{\gamma c \tau_j}{\varphi} \frac{\sigma}{\sigma - 1} \right)^{-\sigma} \qquad (3-6)$$

同时，运用式（3-5）和式（3-6）可以得到总利润的表达式：

$$\pi_j = \frac{E}{\sigma} \left(\frac{\gamma c \tau_j}{\varphi P} \frac{\sigma}{\sigma - 1} \right)^{1-\sigma} - \gamma F_j \qquad (3-7)$$

类似地，可以得到企业仅通过内部融资获取经营所需资金的利润函数表达式，即式（3-7）中消除参数 γ 后的表示形式。

根据式（3-7）可以得到，企业开展出口贸易或者 OFDI 期望的利润水平：

$$E(\pi_{EX}) = q \left[\frac{E}{\sigma} \left(\frac{\gamma c \bar{\tau}}{\varphi P} \frac{\sigma}{\sigma - 1} \right)^{1-\sigma} - \gamma F_{EX} \right]$$
$$+ (1-q) \left[\frac{E}{\sigma} \left(\frac{c \bar{\tau}}{\varphi P} \frac{\sigma}{\sigma - 1} \right)^{1-\sigma} - F_{EX} \right]$$

$$E(\pi_{OFDI}) = q \left[\frac{E}{\sigma} \left(\frac{\gamma c}{\varphi P} \frac{\sigma}{\sigma - 1} \right)^{1-\sigma} - \gamma F_{OFDI} \right]$$
$$+ (1-q) \left[\frac{E}{\sigma} \left(\frac{c}{\varphi P} \frac{\sigma}{\sigma - 1} \right)^{1-\sigma} - F_{OFDI} \right]$$

通过上述两个表达式，可以进一步得到三个重要的效率阈值：企业可以实现出口所需的效率水平、企业得到 OFDI 所需的效率水平和企业国际化（出口或 OFDI）时，倾向于选择 OFDI 的效率水平。具体来说，我们得到以下表达式及相应的假说：

$$(1)\ \hat{\varphi}_{EX} \geq \left[\left[q\gamma + (1-q) \right] F_{EX} \left(\frac{E}{\sigma} \right)^{-1} \left(\frac{c\bar{\tau}}{P} \frac{\sigma}{\sigma-1} \right)^{\sigma-1} \right.$$
$$\left. \left[q\gamma^{(1-\sigma)} + (1-q) \right]^{-1} \right]^{\frac{1}{\sigma-1}}$$

通过隐函数性质，可以看到 $\dfrac{\partial \hat{\varphi}_{EX}}{\partial q} = -\dfrac{\partial E(\pi_{EX})}{\partial q} \bigg/ \dfrac{\partial E(\pi_{EX})}{\partial \varphi}$ 且 $E(\pi_{EX})$ 与 q 和 γ 负相关，与 β 正相关，可以得到融资约束对企业选择出口的效率阈值的比较静态分析：

$$\frac{d\hat{\varphi}_{EX}}{dq} = > 0$$

假说 3-1：企业的融资约束都会提高企业实现出口的效率阈值，降低了总体企业的出口倾向，即融资约束会阻碍企业出口的决策。

$$(2)\ \hat{\varphi}_{OFDI} \geq \left[\left[q\gamma + (1-q) \right] F_{OFDI} \left(\frac{E}{\sigma} \right)^{-1} \left(\frac{c}{P} \frac{\sigma}{\sigma-1} \right)^{\sigma-1} \right.$$
$$\left. \left[q\gamma^{(1-\sigma)} + (1-q) \right]^{-1} \right]^{\frac{1}{\sigma-1}}$$

类似于出口效率阈值的求解思路，可以得到融资约束对企业选择 OFDI 的效率阈值的比较静态分析：

$$\frac{d\hat{\varphi}_{OFDI}}{dq} > 0$$

假说 3-2：企业的融资约束都会提高企业实现 OFDI 的效率阈值，降低总体企业的 OFDI 倾向，即融资约束会阻碍企业对外直接投资的决策。

$$(3)\ \hat{\varphi}_{OFDI>EX} \geq \left[\left[q\gamma + (1-q) \right] (F_{OFDI} - F_{EX}) \left(\frac{E}{\sigma} \right)^{-1} \right.$$
$$\left(\frac{c}{P} \frac{\sigma}{\sigma-1} \right)^{\sigma-1} (1 - \bar{\tau}^{\sigma-1})^{-1} \left[q\gamma^{(1-\sigma)} \right.$$
$$\left. \left. + (1-q) \right]^{-1} \right]^{\frac{1}{\sigma-1}}$$

类似地，也可以得到融资约束对企业国际化（出口或OFDI）时，倾向于选择OFDI的效率阈值的比较静态分析：

$$\frac{d\hat{\varphi}_{OFDI > EX}}{dq} > 0$$

假说3-3：企业的融资约束都会提高企业国际化（出口或OFDI）时倾向于选择OFDI的效率阈值，扩大了总体企业在国际化时选择OFDI和出口之间的效率差距。即融资约束越少的企业越有可能开展对外直接投资行为，出口贸易可称为外部融资能力对企业国际化选择行为的"就近取舍集中"效应。

第三节 计量模型与数据描述

一、数据来源

经验分析的样本数据来源于整合商务部《境外投资企业（机构）名录》和国家统计局2009年的《中国工业企业数据库》。[①] 一方面，《境外投资企业（机构）名录》包括境内投资主体的名称，可用于指示中国具体有哪些企业进行对外直接投资，同时，它所提供的境外投资数据可用于对投资主体加以区分。[②]

[①] 具体参见葛顺奇和罗伟（2013）的处理方法。
[②] 为验证《境外投资企业（机构）名录》数据的准确性，我们将其与由商务部、统计局和外汇管理局联合发布的《中国对外直接投资统计公报》进行核对。《中国对外直接投资统计公报》是目前最具权威的中国对外直接投资的数据来源，提供了中国对外直接投资的总体情况。《中国对外直接投资统计公报》和《境外投资企业（机构）名录》的数据有较大差异，但随时间的推进而逐渐减小，故可推断《境外投资企业（机构）名录》中的数据仅收录了在2011年10月31日仍存在的境外投资项目，并未收录那些曾经进行投资但已经终止投资的项目。不考虑在2011年才获得批准的投资项目，《境外投资企业（机构）名录》收录了中国在2010年67%的投资主体以及74%的境外企业。

另一方面，中国工业企业数据库由国家统计局对"规模以上工业统计报表统计"取得的资料整理而成。数据库的统计对象包括全部国有工业企业和年主营业务收入500万元及以上的非国有工业法人企业，2009年，共计收录的企业数目超过30万家，涵盖中国工业40个大类、90多个中类、600多个小类，包括企业基本信息、财务信息（资产负债表、利润表）、产品信息（生产产品名称）。根据公认的会计准则（GAAP），本章剔除不满足逻辑关系的观测值（即为错误记录）。具体的标准是至少满足下面一项：企业总产值为负；企业的各项投入为负，包括职工人数、中间投入、固定资产原值和固定资产净值；企业固定资产原值小于企业固定资产净值；工业增加值或中间投入大于总产出。由于中国工业企业数据库中所有的非国有企业均达到规模以上，为保持数据的一致性，我们进一步剔除了主营业务收入低于500万元（规模以下）或者从业人员数小于等于20人（微型）的企业。在上述两个数据库的基础上，我们将《境外投资企业（机构）名录》和中国工业企业数据库基于企业名称横向合并后得到本章分析所使用的数据集，最终的样本共包含299 340家企业，其中，OFDI企业为2 288家，出口企业62 076家。

此外，我们还将《中国地区金融生态环境评价》（2007）对30个省区市[①]的金融生态环境指数界定的地区金融发展水平和《固定资产统计年鉴》（2010）中，对各行业不同外部融资来源的数据集结成分的行业外部融资占总资产比重数据与上述总体样本数据进行整合，形成了本章最终使用的样本数据。

---

① 由于数据可得性原因，本章的样本未包括我国港澳台地区和西藏自治区的数据。

二、模型设定与变量说明

既有研究虽然分别考察了融资对企业出口或 OFDI 决策的影响，但却未对两种决策的交互作用给出充分考察。Multinomial Logi 模型（Mlogit 模型）为同时考察企业是否出口或 OFDI 的选择行为提供了可能。与传统的二值选择模型（Probit 模型或 Logit 模型）不同，Mlogit 模型可以在同一模型设定的框架下同时考察市场中企业存在三种或者三种以上的状态。其中，j＝1 对应"参照组"，显然，各项选择概率之和为 1。

$$\Pr[y_i = j \mid x] = \begin{cases} \dfrac{\exp(x_i' \beta_k)}{1 + \sum_{k=2}^{J} \exp(x_i' \beta_k)} & (j = 2, \cdots, J) \\ \dfrac{1}{1 + \sum_{k=2}^{J} \exp(x_i' \beta_k)} & (j = 1) \end{cases}$$

根据理论假说，我们假定企业每一期将决策是否出口或是否对外直接投资。因此，在同一时期的市场中存在三种不同类型的企业：仅在国内市场销售的企业、出口但不进行 OFDI 的企业和 OFDI 企业。[①] 值得注意的是，现实中企业国际化的实践也表明，企业是否出口和是否选择 OFDI 的决策都存在很强的关联性。因此，本章将采用 Mlogit 模型作为本章的主要实证分析方法，除纳入异质性贸易理论所强调的效率因素外，企业的内部融资能力和外部融资能力是我们关注的核心指标。同时，结合已有经验研究，我们还将对其他可能影响企业国际化的决定因素予以控制，由此得到了实证分析的基本模型：

[①] 由于中国一些 OFDI 企业主要是基于服务出口企业而衍生出来的，导致了这些企业与仅出口而不进行海外投资的企业存在较大差异，故有必要将其区分为 OFDI 企业和出口但不进行 OFDI 的企业两种类型。

$$\Pr(y_i = j) = \varphi(\beta_0 + \beta_1 \ln TFP_i + \beta_2 Exfin_i + \beta_3 Infin_i + Z_i) \quad (j = 1, 2, 3)$$

其中，j=1，2，3 表示同一时期可以将市场中的企业按照国际化程度划分为三种类型，内销、出口或者 OFDI。企业的效率水平（lnTFP）指标，采用莱文森和彼得林（Levinsohn and Petrin, 2003）的方法测算得到的 TFP 来度量；[①] 企业的内部融资能力（Infin），由企业现金存量占总资产比率来衡量。[②]

对于企业层面外部融资能力（exfin）的测度，本章借鉴芬斯特拉等（Feenstra et al., 2011）的研究，采用企业的利息支出占销售收入的比重作为代理指标。由于融资约束指标的选取存在较大争议性，我们还借鉴曼诺娃（Manova, 2013）的处理方法，在稳健型分析中采用多指标的方式从不同角度衡量企业层面存在的融资约束状况。一方面，抵押信贷仍然是企业获得信贷资金的主要模式。因此，拥有更多可以用于抵押的资产的企业更容易获得外部融资。我们根据布劳恩（Braun, 2003）的研究，将企业的流动性资产占比指标作为衡量企业融资状况的代理指标。在一般情况下，企业的流动资产越多，代表企业可以用于抵押贷款的资产越多。具体的，我们采用企业所拥有的净资产占销售收入的比重来度量，其中，净资产包括固定资产净值与存货的加总。另一方面，在金融部门发展不完善或者

[①] 在实际测算中，我们分别对每一个 2 位行业的生产函数参数进行测算，并采用历年《中国统计年鉴》中制造行业的生产者价格指数进行通货膨胀调整。

[②] 在通常情况下，流动资产包括货币资金、短期投资、应收票据、应收账款和存货等。由于我们获得的工业企业数据库并没有报告应收票据等信息，因此，我们根据流动资产总计与应收账款和存货的差值测算得到粗略的现金与短期投资加总数据作为现金存量，类似的处理方法参见阳佳余（2012）。此外，由于无法获得企业的折旧数据与摊销项数据，我们也无法通过现金流量表直接测算企业的现金流量指标，现金流＝"净利润"+"财务费用"+"折旧与摊销"+"存货项（-）"+"应收项目（-）"+"应付项目（+）"。

实行紧缩的货币政策时,商业信用融资可以给企业提供较为灵活和便捷的资金支持。金碚(2006)研究指出,在中国债务支付拖欠已经成为一种普遍的"强制性信用"。科夫等(Djankov et al.,2009)研究指出,由于中国资本市场不健全,因此,难以获得贷款的企业可以凭借商业信用向容易获得贷款的企业融资。从而,采用企业获得商业信用指标也是一种界定企业外部融资状况的重要代理指标。具体地,我们借鉴彼得森和拉詹(Peterson and Rajan,1994)的一般性处理方法,采用企业的应付账款占销售收入的比值,即应付账款比率作为衡量企业从供应商获得的信用融资规模。

此外,根据理论模型分析,外部环境因素也会对企业的融资能力产生影响,我们将在后续分析中将企业所处的行业外部融资依赖度和地区金融发展水平纳入原有分析框架中,综合考察上述外部环境因素与企业自身融资能力的交叉效应对企业国际化选择行为的影响。其一,行业特性的差异会导致各行业对资金的需求差异性较大,一些部门对外部融资的依赖更大(Rajan and Zingales,1998;Manova et al.,2011;Chor and Manova,2012),导致各行业对外部融资的依赖存在较强的异质性,影响了行业中企业的实际外部融资情况和国际化行为选择。我们根据拉詹和津加莱斯(Rajan and Zingales,1998)的测度方法,将《固定资产统计年鉴》中对各行业不同外部融资来源的数据集结成分行业的外部融资占总资产的比重,具体包括外部融资来源于财政拨款的资金占总资产的比重和来源于银行贷款的资金占总资产的比重两个指标,并将其纳入基础估计模型中以控制不同行业的外部融资依赖度对企业国际化行为的影响。其二,为控制地区金融发展水平的差异对企业实际外部融资能力出口效应可能存在的干扰,本章将采用《中国地区金融生态环境评价》(2007)对我国部分省区市的金融生态环境指数排名界定地区金融发展水平情况,[1] 通过测度的地区金融发展水平指标来构建反映一个地区的金融市场分割代理指标,并在基础模型中引入地区金融发展水平指标和企业外部融资能力的交互项,对基础模型进行重新估计。

此外,Z_i代表一系列其他影响企业选择行为的因素,具体构成如下:第一,企业存续的年限。[2] 根据于洪霞等(2011)、张维迎等(2003)以及杜和吉尔马(Du and Girma,2007)的研究,企业的经营时间越长,经历的计划经济时期越长,那么,受到行政干预影响的可能性越高,影响企业出口行为甚至退出市场,使用企业成立时间与样本观察期的差距来表示企业年龄。第二,外资占比。黄(Huang,2003)、瓜里格利亚和庞塞特(Guariglia and Poncet,2008)以及希鲁尔和庞塞特(Hricourt and Poncet,2009)的研究,都从不同角度证实了外国资本的流入在很大程度上减少了国内的融资约束状况。同时,企业出口或者OFDI的初始成本在很大程度上还与每个企业可以获取海外市场的信息有关,即一个企业的国际化水平。因此,我们将外商投资资本金占全部实收资本金的比重,作为重要的控制变量纳入分析框架中。第三,是否生产新产品。埃格和凯西娜(Egger and Kesina,2013)以及杜和吉尔马(Du and Girma,2007)的研究均指出,科研创新能力是决定企业开展国际化业务的重要因素。其中,企业的新产品开发在很大程度上反映了企业创新能力,企业创新能力的提升可以在一定程度上增强企业国际化的能力。我们将2009年进行了新产品生产的企业设定为1,否则

---

[1] 《中国地区金融生态环境评价》包括对2006~2010年中国各地区金融发展水平的考察。鉴于各地区金融发展水平整体上排名变动不大,所以,我们仅采用该丛书的测量方法对2006年各地区金融发展水平统计数据作为划分子样本的标准。

[2] 为避免由于录入错误造成的估计偏差,我们将1949年之前以及成立时间晚于2007年的企业经营时间设为空值。

设定为0。第四，企业的市场势力。类似于张杰等（2010）的处理方法，我们使用常用的总资产周转率指标反映企业的市场势力，即由主营业务收入占平均资产总额的比重测度。第五，行业—地区的国际化水平。托多（Todo, 2011）认为，在同一个行业和地区中从事国际业务的企业数据越多，该地区特定行业关于国际市场信息外溢的现象越突出，影响了该区域内的企业出口或者OFDI的初始成本。我们采用集结的行业—地区层面的出口企业数目作为该指标的代理指标。

三、统计描述

我们按照企业选择情况的不同类型分别对各变量进行统计描述，列于表3-1中。值得注意的是，出口企业和OFDI企业的利息支出水平和对数TFP均值明显要高于内销企业，其中，OFDI企业的利息支出水平和效率水平的均值最高（分别为0.013和3.311），出口企业的利息支出水平和效率水平的均值略低于OFDI企业但高于内销企业。这一统计现象也与经典的异质性贸易理论所预测的效率越高的企业才可以进行对外直接投资，次之的企业进行出口贸易，再次之的仅在国内销售的结论相类似。更重要的是，对于企业融资异质性的统计分析也与我们的理论预测相符，即外部融资能力最强（融资约束最少）的企业得以进行OFDI，次之的企业开展对外贸易，再次之的企业仅在国内销售。这一发现也为开展后续的实证检验提供了重要的统计依据。

表3-1　　　　　　变量的统计描述

变量	样本数	均值	标准差	最小值	最大值
内销企业					
利息支出占比（%）	121 055	0.007	0.014	0	0.54

续表

变量	样本数	均值	标准差	最小值	最大值
现金流占比（%）	121 055	0.220	0.199	0	1
对数 TFP	120 699	2.872	1.026	-4.113	15.88
是否有新产品	121 055	0.062	0.24	0	1
对数市场势力	121 050	5.288	1.306	-1.472	12.64
对数企业年龄（岁）	121 055	2.122	0.576	0	4.7
外资占比（%）	121 055	0.072	0.241	0	1
国际化水平	121 055	456.600	648.900	0	3 143
有形资产占比（%）	121 055	0.084	0.131	0	0.999
应付账款占比（%）	121 055	0.283	0.230	0	1
出口企业					
利息支出占比（%）	37 271	0.009	0.015	0	0.376
现金流占比（%）	37 271	0.251	0.197	0	1
对数 TFP	37 241	3.158	1.180	-2.696	15.990
是否有新产品	37 271	0.195	0.396	0	1
对数市场势力	37 270	5.622	1.328	-1.859	12.930
对数企业年龄（岁）	37 271	2.250	0.522	0	4.700
外资占比（%）	37 271	0.348	0.441	0	1
国际化水平	37 271	867.200	830.500	0	3 143
有形资产占比（%）	37 271	0.118	0.138	0	1
应付账款占比（%）	37 271	0.348	0.242	0	1
OFDI 企业					
利息支出占比（%）	1 498	0.013	0.0183	0	0.267
现金流占比（%）	1 498	0.281	0.195	0	1
对数 TFP	1 498	3.311	1.31	-0.519	6.513
是否有新产品	1 498	0.346	0.476	0	1
对数市场势力	1 498	6.14	1.544	1.510	12.120
对数企业年龄（岁）	1 498	2.335	0.540	0.693	4.466
外资占比（%）	1 498	0.209	0.355	0	1
国际化水平	1 498	795.3	868.100	0	3 143
有形资产占比（%）	1 498	0.113	0.127	0	0.935
应付账款占比（%）	1 498	0.377	0.241	0	0.998

资料来源：笔者根据商务部《境外投资企业（机构）名录》《中国工业企业数据库》《中国地区金融生态环境评价》（2007）、《固定资产统计年鉴》（2010）中的相关数据，采用 Stata 软件整理而得。

第四节 实证结果分析

我们的分析从考察企业自身外部融资能力的异质性对国际化行为的影响开始。实证分析的结果支持了外部融资能力是影响企业国际化行为的重要决定因素的结论,且融资能力越强的企业的国际化程度越高,即融资能力最强的企业才能实现对外直接投资,次之的企业可以开展出口业务,再次之的企业只能在国内市场销售。我们的研究结论在控制了其他影响企业国际化的因素和行业地区固定效应之后仍然成立。进一步地,我们将行业外部融资依赖程度和地区金融发展水平等影响企业自身融资能力的外部因素纳入分析。虽然企业的外部融资能力受到了一定程度的影响,但是外部融资能力对企业国际化选择的影响机制依然显著成立。最后,为检验估计结果的稳健性和模型设定的合理性,我们通过多种途径作稳健性分析,以避免可能的变量测量误差和样本选择偏差导致内生性问题。

一、出口、OFDI 与融资约束

我们先考虑企业自身因素引致的外部融资能力异质性的情形。通过逐步加入控制变量的方式,考察模型设定的合理性和验证理论假说的准确性,结果报告于表 3-2 中(其中,每个估计方程的左侧对应出口的估计结果,右侧对应 OFDI 的估计结果)。

在表 3-2 中,第(1)列为仅加入外部融资能力变量和内部融资能力变量的企业国际化选择模型。外部融资能力对企业的出口和 OFDI 的选择行为均有显著的正向促进作用,也就是说,企

表 3-2 企业国际化与融资约束

被解释变量: 企业国际化	(1) 出口	(1) OFDI	(2) 出口	(2) OFDI	(3) 出口	(3) OFDI	(4) 出口	(4) OFDI
外部融资能力	4.669*** (20.02)	7.549*** (20.22)	4.537*** (15.97)	7.639*** (16.38)	4.712*** (15.70)	7.775*** (15.99)	4.150*** (13.46)	6.868*** (14.30)
内部融资能力	0.629*** (29.58)	1.246*** (15.08)	0.610*** (22.59)	1.283*** (12.97)	0.443*** (15.86)	1.163*** (11.62)	0.377*** (11.92)	1.110*** (10.24)
效率水平			0.259*** (38.09)	0.411*** (14.06)	0.273*** (40.82)	0.411*** (14.17)	0.147*** (21.78)	0.276*** (10.61)
企业年龄							0.382*** (34.89)	0.480*** (12.50)
外资进入程度							2.125*** (124.66)	1.347*** (20.74)
研发状况							1.431*** (72.92)	2.041*** (36.88)
市场势力							0.0000796*** (8.18)	0.0000951*** (7.76)

续表

解释变量: 企业国际化	(1) 出口	(1) OFDI	(2) 出口	(2) OFDI	(3) 出口	(3) OFDI	(4) 出口	(4) OFDI
国际化水平							0.000 425*** (46.83)	0.000 265*** (7.91)
常数项	-1.517*** (-217.39)	-5.011*** (-163.35)	-2.110*** (-92.71)	-6.025*** (-59.60)	-1.585*** (-69.61)	-5.630*** (-53.74)	-3.054*** (-92.23)	-6.997*** (-52.98)
行业哑变量	No	No	No	No	Yes	Yes	Yes	Yes
地区哑变量	No	No	No	No	Yes	Yes	Yes	Yes
样本数	299 340		179 917	179 917	179 917	179 917	179 807	179 807
准R^2	0.005		0.016		0.067		0.191	

注：括号内数值为稳健标准误，***、**、* 分别表示参数的估计值在 1%、5%、10% 的显著性水平上显著。
资料来源：笔者根据商务部《境外投资企业（机构）名录》《中国工业企业数据库》《中国地区金融生态环境评价》(2007)、《固定资产统计年鉴》(2010) 中的相关数据，采用 Stata 软件整理而得。

— 67 —

业的融资约束是影响企业出口决策和对外直接投资决策的重要因素，假说3-1和假说3-2成立。同时，外部融资能力每单位的提升都会使企业选择出口（相对于内销）的概率提高约5%，同样，外部融资能力的单位变动，会使企业选择对外直接投资的概率提高约8%。因此，外部融资能力越强的企业更倾向于开展国际化业务，且随着外部融资能力的提升其国际化程度也在增大。这也与假说3的预测一致，即外部融资能力最强的企业倾向于对外直接投资，次之的企业开展出口业务，再次之的企业仅在国内销售。此外，企业的内部融资能力也会对企业国际化的选择行为产生显著的正向促进作用，虽然这一作用比外部融资能力的作用小。

在表3-2中，第（2）列在第（1）列的基础上加入了使用LP方法测算的全要素生产率，以控制企业效率的影响。在考虑效率因素对企业选择行为的影响机制后，外部融资能力的单位变动对企业选择出口和对外直接投资的促进作用仍然显著成立，且系数变动不大。同时，外部融资能力越强的企业，选择对外直接投资的概率仍高出选择出口的企业的概率约3%。此外，与已有经验研究结论一致，效率是解释企业出口和OFDI的重要因素，且效率最高的企业才能开展对外直接投资，次之的企业进行出口，再次之的企业仅在国内市场销售。这一结论与赫尔普曼等（Helpman et al., 2004）的发现一致。

由于一些无法观测的行业特性或地区特性也会对企业的国际化行为产生显著的影响，如地区的经济开放程度、政府"走出去"政策的执行力度、行业受管制程度等。因此，我们在表3-2的第（3）列中，对行业和地区的特性进行了相应控制，实证结果支持外部融资能力对企业国际化的促进作用的结论。其估计系数与表3-2的第（1）列的差异不大，故外部融资能力越强的企业国际化程度越高的核心结论并不会受到行业特性或地区特性的加入而改变。[①]

表3-2的第（4）列在第（3）列的基础上，加入了其他控制变量。我们发现，基础模型的设定相当稳健，外部融资能力对企业的出口和OFDI具有显著的促进作用。外部融资能力的单位提升会使企业选择对外直接投资的倾向提高约7%，但出口的倾向仅增加4%，故外部融资能力越强的企业具有更强的融入国际市场的潜力。此外，对于其他控制变量，我们发现：（1）企业的年龄显著为正，存在时间越长的企业将越有可能选择开展国际化行为。（2）企业的外资份额显著为正，企业初始固定成本的外资份额越高，越有可能获得海外市场的相关信息和相关资源，减少了企业开展出口的初始固定成本或OFDI的初始固定成本，促进了企业国际化行为。（3）是否从事新产品开发显著为正，企业的新产品开发情况在一定程度上反映了其研发创新的能力，具有较强研发创新能力的企业往往更具有国际竞争力，促进了企业开展出口或对外直接投资行为的发生。（4）企业的市场势力显著为正，具有较强市场势力的企业往往在特定行业或特定地区占据主导地位，掌握更多信息和资源，为其开展国际化行为创造了更多的便利条件。（5）行业—地区的信息外溢显著为正，在特定地区的特定行业中从事国际业务的企业越多，在该行业内的海外市场信息的外溢情况越突出，将刺激同行业其他企业的国际化行为发生。

[①] 这也是我们在基础模型分析中仅考虑由于企业自身因素引致的外部融资能力异质性对国际化选择行为影响的原因。虽然理论模型的推导表明，外部因素也是影响企业国际化的重要原因，但是，这些因素的作用机理仍然需要通过与企业自身的因素的交互作用，才会影响企业最终的外部能力，且这一交互的作用不会对本章的核心结论产生颠覆性影响，故仅对其作为一个扩展性分析在后续研究中予以考察。

二、出口、OFDI与融资约束：存在行业差异和地区差异的情况

在考察仅由于企业自身特性导致的融资约束情形后，我们将可能引致企业融资能力异质性的外部因素纳入基础分析框架，进一步考察企业的外部融资能力在不同经济环境下的差异性表现对国际化行为的影响。我们先对企业外部融资能力在不同行业外部融资依赖度的影响下，导致企业国际化选择行为的差异性进行分析，见表3-2。考虑到行业平均获取外部融资渠道的差异性，本章分别采用两个不同的指标来界定行业的外部融资依赖度：银行贷款依赖度和政府补贴依赖度。从总体上来说，在考虑企业所处行业和地区外部环境因素后，外部融资能力仍然是影响企业国际化的重要因素，且外部融资能力的差异会导致企业国际化选择时存在优序现象。但是，外部环境因素对企业国际化选择时的优序选择假说未必成立，相反，外部环境因素引致的金融异质性对企业出口决策的负面效应远远超过对OFDI的阻碍作用。

在表3-3的第（1）列中，我们引入银行贷款依赖度指标，以考察其对企业外部融资能力的交互作用对于国际化行为的影响，该指标采用各行业从银行获取的资金占总资产的比重来测度。结果显示，在考虑企业所处行业的外部融资依赖度后，外部融资能力仍然是影响企业国际化的重要因素，但外部融资能力越强的企业，其国际化程度越高的结论在这里并不完全成立。相反，单位外部融资能力的提升会使得企业选择出口的倾向较之对外直接投资更高（约高出3%）。同时，贷款融资依赖度与外部融资能力的交叉项的估计系数为负。这表明，企业所处行业的外部融资依赖度越高，其实际外部融资能力对出口或OFDI的促进作用越小，支持假说1和假说2的预测。同时，行业贷款依赖程度对企业国际化

的阻碍作用对于企业的出口行为表现得更为突出，但这一影响相比企业自身的融资能力来说是有限的。即在给定企业自身外部融资能力不变的情况下，单位贷款依赖度的增加导致企业选择出口的倾向降低1%，对选择对外直接投资倾向的负面效应仅为0.3%。

政府对一些特殊企业的补贴行为广泛存在，弥补了企业既有的外部融资能力不足，也在一定程度上加剧了补贴企业和无补贴企业之间的融资异质性。在表3-3的第（2）列中，我们将原有的银行贷款依赖度替换为政府补贴依赖度，该指标由各行业从政府获取的补贴占总资产的比重来测度。估计结果显示，外部融资能力仍然是决定企业国际化行为的关键因素，且外部融资能力越强的企业其更有可能实现更高的国际化水平。有趣的是，政府补贴占比的提高会显著提升企业实际外部融资能力对国际化行为的促进作用。也就是说，对政府补贴的依赖度越大，反而会在很大程度上弥补企业外部融资能力不足对国际化行为的阻碍作用。这与一般意义上的行业外部融资依赖度对企业国际化行为的影响结论相背离。

我们还考察了由于企业所处地区的金融市场发展水平不同带来的外部环境层面的融资约束对企业国际化决策的影响机制。为尽可能控制地区金融发展水平的差异对企业实际外部融资能力的出口效应可能存在的干扰，本章将采用《中国地区金融生态环境评价》（2007）对我国各地区的金融生态环境指数排名来界定地区金融发展水平，[1] 通过测度的地区金融发展水平综合指标[2]来构建反映一个地区的金融市场脆弱性的代理指标。在实际分析时，我们使用地区金融发展水平综合指标与完善状态（指数等于1）的

---

[1] 我们对《中国地区金融生态环境评价》系列丛书进行了查阅，包括对2006~2010年中国的地区金融发展水平的考察，发现30个省区市的地区金融发展水平整体上的排名变动不大，我们仅采用该丛书对2006年各地区金融发展水平统计数据作为划分子样本的标准。

[2] 具体指标的统计说明，参见《中国地区金融生态环境评价》（2007）。

差距来反映地区金融发展脆弱性，该指数越高，表明地区金融市场的发展水平越低。具体地，通过在基础模型中引入地区金融脆弱性和企业外部融资能力的交互项后重新估得到相应的估计，结果列于表3-3中。表3-3的第（3）列的估计结果显示，外部融资能力对企业选择行为的决定性影响以及导致的优序选择假说的成立并不受到企业所处地区金融发展水平高低的影响。此外，地区金融发展的脆弱性会严重降低企业实际外部融资能力对国际化行为的促进作用，阻碍企业的出口或OFDI行为的发生，这与假说4的推论一致。

表3-3　企业国际化与融资约束——考虑行业外部融资依赖度

被解释变量： 企业选择	(1) 出口	(1) OFDI	(2) 出口	(2) OFDI	(3) 出口	(3) OFDI
外部融资能力	12.50*** (11.61)	9.561*** (6.23)	3.539*** (8.49)	5.658*** (8.39)	11.35*** (15.46)	11.52*** (10.98)
内部融资能力	0.397*** (12.56)	1.122*** (10.35)	0.402*** (12.73)	1.125*** (10.38)	0.411*** (13.02)	1.153*** (10.66)
效率水平	0.111*** (16.92)	0.245*** (9.14)	0.111*** (16.83)	0.247*** (9.28)	0.141*** (20.88)	0.268*** (10.23)
贷款依赖度×外部融资能力	-0.898*** (-8.75)	-0.264 (-1.77)				
补贴依赖度×外部融资能力			1.194* (1.99)	2.231* (2.26)		
地区金融扭曲×外部融资能力					-21.01*** (-12.62)	-11.17*** (-4.96)
常数项	-3.191*** (-97.46)	-7.141*** (-54.42)	-3.195*** (-97.32)	-7.148*** (-54.51)	-3.324*** (-103.30)	-7.268*** (-56.28)
其他控制变量	Yes	Yes	Yes	Yes	Yes	Yes
行业哑变量	No	No	No	No	Yes	Yes
地区哑变量	Yes	Yes	Yes	Yes	No	No
样本数	179 807		179 807		179 807	
准 R^2	0.187		0.187		0.182	

注：括号内数值为稳健标准误，***、**、* 分别表示参数的估计值在1%、5%、10%的显著性水平上显著。

资料来源：笔者根据商务部《境外投资企业（机构）名录》《中国工业企业数据库》《中国地区金融生态环境评价》(2007)、《固定资产统计年鉴》(2010)中的相关数据，采用Stata软件整理而得。

第五节 结论

我们发展了一个可用于分析企业国际贸易和国际投资行为的模型，企业可以选择仅在国内销售、出口或者对外直接投资。同时，企业会由于外部融资能力的不同而采取不同的组织形式。外部融资能力最弱的企业选择仅在国内市场销售产品，因为他们通过出口或者对外直接投资获得的收益无法抵补为此支出的成本。融资能力较强的企业可以通过出口形式步入国际化行列，融资能力最强的企业则可以进行对外直接投资。至此，本书为企业国际化经营中出现的"就近取舍集中"现象找到一个新的原因，即企业的金融异质性也会导致企业倾向于采用OFDI替代出口的国际化经营模式。

通过采用中国企业层面的出口数据和对外直接投资的微观数据，我们检验了外部融资能力对企业国际化选择的影响，实证结果支持理论预测。此外，估计结果在不同的融资能力替代指标和不同的样本选取时表现出的稳健性，也让我们进一步确信金融异质性是一种影响企业国际化选择的重要因素。这一发现对深化中国企业"走出去"战略具有重要的意义，通过构建一个更加高效、市场化、富有弹性的金融体系，进一步减少企业面临的融资约束和金融市场的摩擦，帮助最有竞争力、最高效率的企业实现国际化经营，从而提升中国企业国际竞争力和实现贸易增长方式转型的战略目标。

与效率因素类似，融资能力最强的企业会选择进行对外直接投资，融资状况较好的企业会选择出口贸易，融资能力最弱的企业只能在国内市场开展业务。在考虑企业所处行业和地区外部环境因素后，外部融资能力仍然是影响企业国际化的重要因素，外部融资能力的差异性导致的企业国际化选择时存在的"就近取舍集中"现象依然存在。因此,在全球化和一体化进程日渐加剧的背景下,如何引导中国企业更好地融入国际市场,实现更高水平的"走出去"战略目标,需要差异化地对待处于国际化水平不同阶段的企业,通过健全金融体系和拓宽信贷渠道,助力具有国际化潜能的企业向更高水平的国际化模式迈进。同时,中国出口在面临发达国家的巨大阻力以及日益增多贸易摩擦的严峻形势下,适当地由追逐出口增长速度方面转为促进企业向更高水平的国际化模式转型,推动更多企业走出国门实现对外直接投资的战略目标,为实现平衡增长提供了有益的思路。

值得注意的是,外部融资的资金来源于国家补贴或财政拨款的行业,外部融资依赖度反而会提升企业的实际外部融资能力,促进企业的出口或对外直接投资。处理好政府与市场的关系,使市场在资源配置中起决定性作用。通过调整银行信贷等金融资源的配置,扩大对成长性良好的市场化企业的金融支持,让最有效率的企业获得充裕的金融资源,全面提升总体的全要素生产率水平。

第四章

金融摩擦与中国高出口之谜

——基于效率和融资的双重异质性分析

第一节 引言

中国人民银行在2004年、2013年分别取消金融机构人民币贷款利率的上限和下限，加大了金融机构和企业协商利率的空间。而2005年颁布《关于鼓励支持和引导个体私营等非公经济发展的若干意见》，2010年颁布《关于鼓励和引导民间投资健康发展的若干意见》及《中国（上海）自由贸易试验区总体方案》，则降低了非公经济进入市场的门槛。这些举措显示了政府开放金融管制的决心。然而，中国经济在实际运作过程中，由于政府管制导致的金融摩擦现象依然突出。一方面，在以四大国有商业银行为主体的金融体制下，即便金融机构可以采取差异化的定价策略，依旧还有大量企业，特别是民营企业和中小企业，被排除在信贷服务范围之外。另一方面，审批单位和监管单位在规范金融机构和降低市场风险等方面的考虑，可能是金融市场门槛依旧难以逾越的最重要原因之一。同时，民间金融市场[①]（又称

[①] 民间金融市场包括小额贷款公司、典当行等相对正规的渠道，还有更多个人、企业与地下钱庄等非正规机构进行的借贷。

"非正规金融市场")的合法性问题也未得到很好的解决。在金融市场不完全的情况下,出口贸易如何有序开展逐渐受到国内外学者的重视。部分学者认为,金融市场完善(或金融发展)是国家的比较优势之一,金融市场完善程度的提高,可以促进外部资金依赖度高的产品的净出口。[1] 随着近年来国际贸易理论对企业异质性的强调,越来越多的文献开始考察在不完全金融市场下,异质性企业的出口决策问题,指出在不完全金融市场上的融资约束将极大地制约企业的出口(Chaney,2005;Muûls,2008;Manova,2008b;Ahn et al.,2011),该论断也得到广泛的经验研究支持。[2]

虽然这些研究已严谨地论证了金融市场不完善对出口贸易的重要性,却难以全面地剖析中国当前所面临的金融市场的不够完善而影响出口贸易的机制,以及准确地评价已经推行的利率市场化等金融改革在促进贸易额增加和贸易结构调整上的成效。因为既有理论对金融市场的描绘过于抽象,例如,曼诺娃(Manova,2008b)仅使用融资契约水平一个指标来反映国家间金融市场的差异。然而,金融管制对金融市场将造成两方面影响,行业壁垒引发的高融资成本和集中管理下的信贷资源过度集中,使得单维度的金融市场不完全模型无法完全解释金融管制对出口贸易的影响。本章将分别使用金融市场分割和信贷不平衡来反映这两种效

---

[1] 有学者在理论上进行了说明(Kletzer and Bardhan,1987;Beck,2002;Ju and Wei,2011;Becker et al.,2013),有学者采用不同国家的数据在经验上对这一假设进行了验证(Svaleryd and Vlachos,2005;Hur et al.,2006;Beck,2002,2003;Manova,2008a;包群,阳佳余,2008;齐俊妍等,2011)。

[2] 例如,格林纳威和尼勒(Greenaway and Kneller,20070)对英国、穆尔斯(Muûls,2008)对比利时、柏曼和埃里库尔(Berman and Héricourt,2010)对9个发展中新兴经济体、布赖辛尼等(Bricongne et al.,2010)对法国、米内蒂和朱(Minetti and Zhu,2011)对意大利、阿米蒂和温斯坦(Amiti and Weinstein,2011)对日本以及芬斯特拉等(Feenstra et al.,2011)、曼诺娃等(Manova et al.,2011)、孙灵燕和李荣林(2011)及于洪霞等(2011)对中国的研究。

应，以斯蒂格利茨和维斯（Stiglitz and Weiss，1981）的信贷配给模型、霍姆斯特姆和梯若尔（Holmstrom and Tirole，1997）的企业信贷模型和梅里兹（Melitz，2003）的异质性企业贸易模型为基础，构建一个效率和融资能力双重异质性的贸易分析框架。在该模型中，企业先尝试以低利率从正规金融市场获得资金用来支付进入国外市场的成本，因信息不对称，可能出现融资失败的情况，失败的可能性与其融资能力负相关，失败时则以高利率从民间金融市场融资。金融市场的特征和企业融资能力一起决定了企业的外部融资成本，连同企业的生产效率，一起决定了该企业的出口状态。该模型指出，生产效率和融资能力对企业出口可能性具有促进作用，而金融市场分割则减少企业（特别是融资能力弱的企业）的出口概率；企业一旦决定出口，出口额仅与生产效率正相关，与融资能力或金融市场分割均无关。该模型还发现，金融市场分割制约了总体出口贸易；信贷不平衡则因提高了国有企业和大型企业的出口激励而对总出口产生了促进作用，[1] 这一正向作用往往被既有研究所忽视。这也是解释金融管制下的金融摩擦，可能与高出口在中国并存的原因。该模型还发现，企业效率异质程度对出口具有正向作用，且该作用随着金融市场分割程度的提高而加大。在经验研究部分，本章采用由企业数据集结而成的城市、行业的二维数据验证了模型中与出口总额相关的命题，结果稳健地支持模型的预测。

本章的模型建立在两个前提假设的基础上。首先，在金融管制的情况下，中国金融市场存在民间金融市场和正规金融市场在利率上的分割。因为民间金融市场往往具有灵活方便、借贷双方信息对称、契约成本低、服务态度好、违约率低等特征（罗丹阳

---

[1] 如果将出口视为一种特殊投资，这一现象契合了车大为（2011）的判断，在管制金融体制下，参与投资的企业整体上具有较高投资倾向，整个社会表现出高投资、低效率的粗放型增长模式。

和殷兴山，2006），它是企业重要的资金来源。郭斌和刘曼路（2002）调研的257家中小企业的样本中的131家（超过50%）企业需要向民间金融市场进行融资。而史晋川和叶敏（2001）则发现，1993年温州市民营企业资金构成中的40%来自民间借贷。另外，根据中国人民银行杭州中心支行对企业和家庭的问卷调查和推算，2004年，浙江省民间借贷规模在1 800亿元左右，约占同期浙江省本外币存贷款余额的10%和12%（中国人民银行党校第十二期浙江调研组，2007）。由于金融市场的进入门槛较高，交易存在合法性，且信用制度不完善，故民间金融市场的利率通常数倍于正规金融市场的利率（史晋川和叶敏，2001；郭斌和刘曼路，2002；林毅夫和孙希芳，2005；郑振龙和林海，2005）。中国人民银行温州中心支行公布的温州市民间借贷监测利率（民间借贷综合利率）在2011年5月~2012年4月保持在20%之上，远高于同期银行6%左右的贷款基准利率。

第二个前提假设是，金融市场上存在较验证的信贷不平衡现象。总体而言，如今的信贷不平衡表现在如下三个方面。一是企业在正规金融市场融资成功率存在差异。一个直观的表现，即为中小型企业或小微型企业融资难的问题。例如，虞群娥和李爱喜（2007）发现，杭州市私营企业（绝大多数为中小型企业或小微型企业）在2004年获得的短期贷款占全部短期贷款的比例为4.3%，而同期私营企业在所有规模以上工业企业的工业总产值和从业人数中所占份额则分别达到27.6%和38.9%。这也体现了信贷资源在不同所有制企业间不均衡分布的现象。2007年，制造业非国有企业的总销售和总就业人数在全部规模以上企业中的占比超过90%，但在过去十多年中，非国有企业获得银行的贷款不足20%（刘小玄和周晓艳，2011）。二是企业在正规金融市场的融资成本存在差异。银行发放贷款时，往往以法定利率为基准，再根据企业的具体情况选择一个浮动比率进行放贷。通常企业的规模越小，执行上浮利率的可能性越大，且主要浮动区间也更高。① 除利息率外，企业的其他信贷成本同样存在差异，一些调研结果显示，大型企业主要以信用贷款的方式获得资金，而中小企业（或民营企业）则以抵押贷款、担保贷款为主。抵押贷款和担保贷款相对于信用贷款需额外支付抵押登记、担保等手续费，这些费用通常可达到企业贷款额的2.1%（中国人民银行成都分行调查统计处，2010），相当于基准利率30%左右。三是企业在非正规信贷市场上的融资成本也存在差异。民间借贷利率通常由借贷双方协商决定，个人的信用、借款的期限以及抵押品和担保品的价值在很大程度上将造成借贷利率的差异，例如，2010年前后，在珠三角地区的无房产抵押的借贷利率可能超出有房产抵押的借贷利率的一倍或以上（中国人民银行广州分行调查统计处，2010）。

第二节 理论框架

模型的基本框架，采用了新新贸易理论的经典设定。世界上只有两个国家（模型的结论在多国分析框架下依然保持成立），本国和外国，均使用劳动力作为唯一投入要素，生产H类异质品和一类同质品。其中，同类异质品生产企业的品牌互补相同，

---

① 根据中国人民银行广州分行调查统计处（2009）的统计，广东省金融机构在2008年上半年对大、中、小型企业发放的利率上浮贷款占比分别为24.78%、45.67%和66%，其中，中型企业利率浮动区间主要集中在[1.0, 1.3]，该区间发放贷款占比为42.41%，小型企业利率浮动区间集中在[1.3, 1.5]。利率浮动水平与企业规模的相关性在山东省更为突出，2008年上半年，大型企业贷款利率浮动区间集中在[0.9, 1]，占比为68.4%；中型企业贷款利率浮动区间集中在[1, 1.3]，占比为68.6%；而小型企业贷款利率上浮超过30%的比例为58.5%（中国人民银行济南分行调查统计处，2008）。

劳动力不可跨境迁徙，但可在这些行业间自由移动。两国采用相同的规模报酬不变技术生产同质品。在不失一般性的情况下，我们令本国劳动力工资等于1，作为其他商品的计价物。消费者将收入中的固定份额 s_h 用于消费异质产品 h，而将剩下的 $1-\sum_h s_h > 0$ 用于同质品消费。

与经典贸易模型不同，在本章的模型中，一个典型企业的出口由三个环节组成。一是企业投入固定资金 f 以支付国外市场的进入成本，包括扩大生产规模所需进行的投资、收集国外市场信息、在国外市场上进行产品宣传和建立国际统销经销网络等。二是在进入国外市场之后，企业根据得到的信息将产品本土化，以适应国外市场的消费者需求。本土化并不必然成功，成功的概率取决于企业家努力程度。如果企业家"尽职"，成功的概率为 p_H；如果企业家"卸责"，成功的概率为 $p_L < p_H$；$\Delta p = p_H - p_L$ 表示企业家努力的边际收益。三是产品本土化成功的企业进行产品的生产和出口，可实现收益率 R；而产品本土化失败的企业则放弃出口，不获得任何收益。无论产品本土化成功与否，企业家"卸责"时均可以获得私人收益，收益率为 B，但企业家"尽职"时没有任何私人收益。为了使分析有意义，假设只有在企业家"尽职"的情况下，出口才具有价值，也就是说，$p_H R - 1 > 0$，而 $p_L R - 1 + B < 0$。

一、企业出口收益率

现在，我们考察行业 h 中代表性企业 i 的出口收益（下文将略去下标 h）。本土化成功的产品所能实现的收益率 R 取决于国外市场需求以及生产成本和贸易成本情况。与梅里兹（Melitz, 2003）一致，本章假设消费者对产业 h 中差异化产品的偏好满足标准的 Dixit-Stiglitz 形式，认为差异产品之间存在不变替代弹性 $\varepsilon > 1$。因此，国外市场对产品 i 的需求量 $q(i) = \mathscr{A}p(i)^{-\varepsilon}$。其中，$\mathscr{A} = s_h Y / \left[\int_0^{n^h} p(v)^{1-\varepsilon} dv \right]$，反映了国外市场的规模，Y 为国外市场中消费者的总消费支出，n^h 表示国外市场行业 h 的产品种类数，p(i) 为产品 i 在国外市场的销售价格。当 n^h 连续变动时，产品 i 的生产和销售对国外市场的总体收入和价格水平所产生的影响可以忽略不计，故企业在进行出口决策时可将市场规模 $\mathscr{A}$ 视为外生因素。由于市场进入成本在企业本土化后变为沉没成本，故企业此时选择最优定价方案最大化除进入成本外的利润 $\pi(i)$：

$$\max_{p(i)} \pi(i) = p(i)[\mathscr{A}p(i)^{-\varepsilon}] - C[\mathscr{A}p(i)^{-\varepsilon}] \quad (4-1)$$

在式 (4-1) 中，$C(q)$ 为企业在国外市场销售 q 单位产品所需投入的可变成本。相应一阶必要条件为：

$$p^*(i) = \frac{\varepsilon}{\varepsilon - 1} C'[\mathscr{A}p^*(i)^{-\varepsilon}] \quad (4-2)$$

$C'(q)$ 表示企业的边际成本函数。式 (4-2) 表明，产品的最优定价与边际成本成正比，即企业的边际成本决定了该产品在国外市场的销售价格。

产品在国外市场上销售时，成本由两部分组成：生产成本和贸易成本（运输成本、关税贸易壁垒和非关税贸易壁垒等）。生产成本取决于企业的生产效率和产量。假定生产效率为 a 的企业生产 q 单位产品 i 所需要投入的劳动力为 q/a。企业的贸易成本可以使用国际贸易理论中的"冰山"成本 $\tau(>1)$ 进行度量，即，产品在跨国运输时存在固定比例的损耗（或融化），从国内运输 τ 单位产品到达国外市场后将仅剩一单位。于是，在国外市场销售 q 单位产品 i 所需承受的成本 $C(q) = \tau q / a$。结合式 (4-2) 即可得到产品 i 在国外市场价格 $p^*(i) = \varepsilon \tau / [(\varepsilon - 1)a]$。代入式 (4-1) 可知，如果产品本土化成功，企业可以从国外市场上获得的利润：

$$\pi(i) = \frac{1}{\varepsilon}\left(\frac{\varepsilon}{\varepsilon-1}\right)^{\frac{1}{\varepsilon-1}} \mathscr{A}\left(\frac{a}{\tau}\right)^{\varepsilon-1} \quad (4-3)$$

此时，企业出口可实现的收益率 $R = \pi(i)/f$。

假设产品改造成功情况下企业出口的销售收入足以满足企业可变成本的资金需求，无须再垫付其他资金，而为支付进入成本的资金投入则必须垫付。并假定企业无任何自有资金用于该项目，全部进入成本需从金融市场筹集。令企业从金融市场上筹集资金的利率（外部融资成本）为 $r_0 > 0$，于是，企业是否进入国外市场，取决于企业家"尽职"时的预期利润是否为正：

$$\Pi(i) = p_H \frac{1}{\varepsilon}\left(\frac{\varepsilon}{\varepsilon-1}\right)^{\frac{1}{\varepsilon-1}} \mathscr{A}\left(\frac{a}{\tau}\right)^{\varepsilon-1} - (1+r_0)f \quad (4-4)$$

显然，企业出口的预期利润，受企业外部融资成本[①]的影响。

二、外部融资成本

为获得支付市场进入成本所必需的资金，企业家在金融市场寻找投资者（通常是银行），并通过决定是否与贷款企业签约，以及相应的利益分配。由于企业出口成功后的预期收益率 R 需要很强的主观判断，为典型的软信息，无法传递给正规金融市场的投资人，故投资人只能根据对企业出口成功后所能实现收益率 R 的预期 R^E 进行放贷决策。假定投资人的收益率预期 R^E 在区间 $[R_m, R_M]$ 上均匀分布，R^E 越大，表示该投资者对出口越乐观。投资人的预期收益率 R^E 为投资者的私人信息，不为企业家所知，

---

① 我们并未对 r_0 的取值上限进行限定，可以认为当企业存在融资约束时，r_0 等于无穷大，因而，式（4-4）的设定非常具有一般性，可模拟企业因融资约束而只能放弃出口的情形。

但其分布为共同知识。企业家搜寻到任何乐观程度的投资人的概率是随机的,假定搜寻非常费时,企业一旦确定投资人,就再没有时间更换。在确定投资人后,企业向其申请额度为 f 的贷款,并向该投资人传递能够证明自身外部融资能力 ϖ 的信息,包括企业家的品质、能力、资本结构、抵押和保险等(Tirole,2005)。企业的外部融资能力 ϖ 决定了企业的私人收益率 B 以及违约时的项目成功率 p_L。不失合理性,我们假定外部融资能力强(ϖ 越大)的企业具有较小的私人收益 B,较低的违约时项目成功率 p_L,即努力后的边际收益 Δp 较大。

企业和投资者签订的协议是,如果产品本土化成功,那么,投资者获得 R_l 的收益率,剩下的收益归企业;如果产品本土化失败,则两者的收益均为 0。在企业家违约的情况下,项目的净现值为负,故借款人在和企业家签订贷款合约时,必须预期到企业家个人得到的利益足以使其在私人收益和更高的项目成功率之间选择后者,即,满足激励相容约束:

$$p_H(R^E - R_l)f \geq p_L(\varpi)(R^E - R_l)f + B(\varpi)f$$
$$\text{或 } \Delta p(\varpi)(R^E - R_l) \geq B(\varpi) \quad (4-5)$$

此外,假设投资人是风险中性,且无时间偏好,故借款人在为企业进行贷款时,其预期收益率必须非负:

$$p_H(1 + R_l) \geq 1 \quad (4-6)$$

因此,只要满足如下条件,企业就能够获得:

$$\frac{B(\varpi)}{\Delta p(\varpi)} \leq R^E - \frac{1}{p_H}$$

容易看出,投资者对出口收益率的预期越乐观(R^E 越大)或企业外部融资能力越强(ϖ 越大),贷款发生的可能性越大。这意味着,外部融资能力为 ϖ 的企业在正规金融市场获得贷款的必要条件是,选择的投资人对行业收益率的预期 $R^E \geq R(\varpi)$。$R(\varpi)$ 反映企业对投资者乐观程度的最低要求,外部融资能力

ϖ 越强，对投资者乐观程度的要求越低，即 R(ϖ) 随企业外部融资能力的增加而降低。对外部融资能力为 ϖ 的企业而言，从正规金融市场获得融资的概率：

$$\varrho(\varpi) = \frac{R_M - R(\varpi)}{R_M - R_m} \in [0, 1] \quad (4-7)$$

不失一般性，假设 R_m 足够小，以至于无论融资能力多强的企业，均无法100%获得贷款。至于那些外部融资能力 ϖ 无法保证投资人获得非负预期收益（R(ϖ) > R_M）的企业，即使是最乐观的投资者也不会给它们贷款，此时，$\varrho(\varpi) = 0$，企业无法获得融资。因此，式（4-7）表明，企业的融资能力越强，从金融市场获得融资的可能性 $\varrho(\varpi)$ 越大。假定投资者是竞争性的，放贷者存在零利润约束，即 $p_H(1+R_1) = 1$，从正规金融市场获得贷款的企业利率 $r_L = 1/p_H - 1$。

与斯蒂格利茨和维斯（Stiglitz and Weiss, 1981）的信贷配给模型不同，本章认为，当企业在正规金融市场上融资失败时，还能求助于非正规金融市场，[①] 并且为了简化分析，假定企业在非正规金融市场上融资成功的概率为100%，贷款利率为 r_H，假设 $r_H > r_L$，用于反映民间金融市场具有更高的利率水平。结合企业在正规金融市场上和非正规金融市场上的融资情况可知，外部融资能力为 ω 的企业在金融市场上融资的利率 r_0 满足：

$$r_0(\varpi, \xi) = r_L \{1 + [1 - \varrho(\varpi)] \xi\} \quad (4-8)$$

在式（4-8）中，$\xi = (r_H - r_L)/r_L$，反映正规金融市场和民间金融市场的分割程度。

---

① 在现实中，这些企业可以凭借正规金融机构无法直接验证的"软信息"在非正规金融市场上融资成功。因为非正规金融市场的信息甄别机制与正规金融市场主要利用企业的财务报表等易于传递的"硬信息"不同，它能更有效地利用企业的"软信息"（林毅夫，孙希芳，2005）。通常，非正规金融市场具有灵活方便、借贷双方信息对称、契约成本低、服务态度好、违约率低等特征（罗丹阳，殷兴山，2006）。

容易看出，在正规金融市场利率既定的情况下，企业外部融资成本随自身融资能力的加强而降低。又因为$\partial r_0(\varpi, \xi)/\partial \xi = r_L[1-\varrho(\varpi)] \geq 0$，所以，企业外部融资成本随金融市场分割程度的加大而提高。此外，一个非常明显的现象是，金融市场分割对企业外部融资成本的正向效应$\partial r_0(\varpi, \xi)/\partial \xi$，随企业融资能力$\varpi$的增加而降低。于是，可得到如下引理：

引理4-1：企业的外部融资成本r_0与自身融资能力ϖ负相关，而与金融市场分割程度ξ正相关；金融市场分割对外部融资成本r_0的正向作用，随融资能力ϖ的增强而下降。

三、企业出口决策

为了简化分析，假设企业的利润最大化决策可分解为内销和出口利润最大化两个独立的决策。即，当且仅当，企业在国内市场上和国外市场上均实现利润最大化时，企业达到总体利润最大化。在这一前提下，我们分析企业的出口决策时，无须考虑国内市场业务对其所能产生的影响。因此，企业进行出口的充分且必要条件就是出口能够为企业带来正的预期收益，即$\Pi(i) \geq 0$。由于$\Pi(i)$是企业生产效率的单增函数，在金融市场分割程度和企业融资能力给定的情况下，存在一个效率阈值a^X，满足$\Pi(a^X) = 0$，但企业出口的充要条件是，效率高于这一阈值，即：

$$a \geq a^X(\varpi, \xi) = \varphi p_H^{\frac{1}{1-\varepsilon}}[1 + r_0(\varpi, \xi)]^{\frac{1}{\varepsilon-1}} \quad (4-9)$$

在式（4-9）中，$\varphi = \varepsilon^{\frac{\varepsilon}{\varepsilon-1}}\frac{\tau}{\varepsilon-1}(f/\mathscr{A})^{\frac{1}{\varepsilon-1}}$。显然，企业的生产效率$a$越高，外部融资成本$r_0(\varpi, \xi)$越小，上述不等式成立的可能性越大，企业越可能进行出口。结合引理4-1可得到以下命题：

命题4-1：在一个经济系统中，生产效率a越高、外部融资

能力 ϖ 越强的企业出口的可能性越大；金融市场分割降低了所有企业的出口可能性，对融资能力 ϖ 弱的企业影响更大。

如果将金融市场分割程度作为衡量金融市场发展水平的逆指标，即分割程度越高的市场发展程度越低，那么，命题1印证了金融发展和出口贸易的理论。此外，该命题也拓展了贸易理论对企业异质性的分析，除生产效率外，融资能力差异也是企业出口决策差异的重要因素。

结合产品需求函数和定价方程可知，企业的出口额 $x(a, ϖ, ξ)$ 可写为：

$$x(a, ϖ, ξ) = \begin{cases} \mathcal{B}a^{\varepsilon-1} & \text{如果 } a \geq a^X(ϖ, ξ) \\ 0 & \text{如果 } a < a^X(ϖ, ξ) \end{cases} \quad (4-10)$$

在式 (4-10) 中，$\mathcal{B} = \mathcal{A}[\varepsilon\tau/(\varepsilon-1)]^{1-\varepsilon}$ 表示国外市场的有效规模，等于具有单位效率的企业选择出口时的出口额。由式 (4-10) 可知，一旦企业决定出口，即 $a \geq a^X(ϖ, ξ)$，出口额仅与生产效率正相关，而与企业融资能力以及金融市场分割程度无关，即：

命题4-2：企业一旦决定出口，其出口额与生产效率 (a) 正相关，但与企业融资能力 ($ϖ$) 以及金融市场分割程度无关 ($ξ$)。

命题4-2成立的关键条件是，企业无须从金融市场获取资金支付可变成本。本章的模型属于静态模型，并未考虑市场波动。在不存在市场波动的经济系统中，一个销售收入超过可变成本的企业必定有足够的收入支付可变成本，而销售收入低于可变成本的企业会选择退出市场。① 伯曼和埃里库尔（Berman and

---

① 在一个波动的世界，企业可能会在某个时期出现资金短缺，需要从金融市场获得资金来支付可变成本，而且，这种资金需求通常非常紧迫，企业在融资时还会考虑易得性。一个理性的企业，会预期这种资金短缺的可能性，在资金盈余较多的时期会进行一定的金融操作，以在将来应对潜在的资金短缺。如果引入经济的波动性，会极大地增强模型的复杂度，考虑到本章主题是金融市场的特征和出口贸易之间的关系，这样做得不偿失。

Héricourt, 2010) 为这种假设提供了支持, 发现融资约束对出口的作用仅体现在企业首次出口决策, 一旦出口已经进行, 出口量几乎完全由效率决定, 融资约束的影响非常有限。

四、出口总额

为了得到行业出口总额的解析式, 假定企业的生产效率 a 和融资能力 ϖ 服从概率密度函数为 $\psi(a,\varpi)$ 的联合概率分布, 于是, 行业 h 的出口总额 X_h 可表示为式 (4-11)。

$$X_h = N_h \mathscr{B} \int \left[\int_{a^X}^{\infty} a^{\varepsilon-1} \psi(a,\varpi) da \right] d\varpi \qquad (4-11)$$

在式 (4-11) 中, N_h 表示行业 h 的企业数目。显然, 出口总额随行业 h 的企业数目和东道国的有效市场规模而增大。将式 (4-11) 对金融市场分割程度 ξ 求导, 可得到总出口与金融市场分割程度之间的比较静态关系:

$$\frac{\partial X_h}{\partial \xi} = - N_h \mathscr{B} \int (a^X)^{\varepsilon-1} \psi(a^X,\varpi) \frac{\partial a^X}{\partial \xi} d\varpi \qquad (4-12)$$

由前面的分析可知, $\partial a^X/\partial \xi \geq 0$, 故 $\partial X_h/\partial \xi \leq 0$。又因当且仅当, $\varrho(\varpi)=1$ 时, $\partial a^X/\partial \xi = 0$, 且不可能出现所有企业在正规金融市场融资的成功率 $\varrho(\varpi)=1$ 的情况, 因此, $\partial X_h/\partial \xi < 0$, 于是, 有如下命题成立:

命题 4-3: 在企业数目 N_h、国外市场有效规模 $\mathscr{B}$、效率和融资能力的联合分布函数 $\psi(a,\varpi)$ 以及正规金融市场的利率 r_L 既定的情况下, 行业出口总额 X_h 与金融市场分割程度 ξ 负相关。

这一结论非常直观。在正规金融市场的法定利率 r_L 既定的情况下, 金融市场分割率增加意味着民间金融市场融资成本的增加。由于企业均在一定程度上依赖民间金融, 导致金融市场分割率增加使得企业预期外部融资成本增加。因此, 根据命题 4-1, 企业进行出口的可能性下降。对行业总体而言, 这种效应将减少出口企业的数目,而金融市场分割程度对出口企业的出口额没有直接影响(命题4-2),故金融市场分割率增加将降低出口总额。

为了更深入地分析影响企业总出口的各种因素,本章假设企业的生产效率 a 和融资能力 ϖ 的分布独立,即 $\psi(a, \varpi) = \mu(a)\varphi(\varpi)$。同时,假设生产效率 a 服从参数为 ϑ_1 的 Pareto 分布,即 $\mu(a) = \vartheta_1 a^{-\vartheta_1 - 1}$, $a \in [1, \infty)$,为保证积分收敛,令 $\vartheta_1 > \varepsilon - 1$。当然,为保证对企业融资能力进行积分时收敛,我们还需假定 $(a^X)^{-\vartheta_1+(\varepsilon-1)}\varphi(\varpi)$ 是企业融资能力的减函数,即:

$$\frac{\partial[(a^X)^{-\vartheta_1+(\varepsilon-1)}\varphi(\varpi)]}{\partial \varpi} < 0$$

出口总额的表达式,可进一步表示为式(4-13)。

$$X_h = N_h \mathscr{B} \frac{\vartheta_1}{\vartheta_1 - \varepsilon + 1} \int (a^X)^{-\vartheta_1+(\varepsilon-1)} \varphi(\varpi) d\varpi \quad (4-13)$$

对 ϑ_1 求导可得,出口总额与 ϑ_1 的比较静态关系:

$$\frac{\partial X_h}{\partial \vartheta_1} = -\frac{N_h \mathscr{B}(\varepsilon - 1)}{(\vartheta_1 - \varepsilon + 1)^2} \int (a^X)^{-\vartheta_1+(\varepsilon-1)} \varphi(\varpi) d\varpi$$

$$-\frac{N_h \mathscr{B} \vartheta_1}{\vartheta_1 - \varepsilon + 1} \int (a^X)^{-\vartheta_1+(\varepsilon-1)} \ln a^X \varphi(\varpi) d\varpi \quad (4-14)$$

显然,$\partial X_h / \partial \vartheta_1 < 0$。因为 $\ln a$ 的标准差等于 $1/\vartheta_1$,故 $\theta_1 = 1/\vartheta_1$ 能够体现企业生产效率的分散程度(或效率异质度),又因为 $\partial X_h / \partial \theta_1 = -\theta_1^{-2} \partial X_h / \partial \vartheta_1 > 0$,所以,可以得到如下命题。

命题4-4:在企业数目 N_h、国外市场有效规模 $\mathscr{B}$、企业融资能力 ϖ 的分布、正规金融市场利率 r_L 以及金融市场分割程度 ξ 既定的情况下,行业 h 的总出口 X_h 与企业效率异质度 θ_1 正相关。

虽然同为体现企业异质性的因素,但外部融资能力需通过外部融资成本才能间接影响企业出口决策。事实上,除外部融资能力差异外,信贷不平衡还取决于正规金融市场的投资者对企业融资能力的敏感程度。因为如果投资者对企业融资能力不敏感,即认为外部融资能力与企业私人收益以及尽职和卸责时的项目成功率无关。例如，当投资者认为企业所传递的外部融资能力信息全是虚假信息时，那么，即便两个企业外部融资能力差异悬殊，它们的预期外部融资成本也不会有差异。为了体现投资者敏感性，我们使用 $\varpi_2 = \varpi^\alpha$ 表示投资者认可的企业融资能力，$\alpha \in [0, 1]$ 表示投资者对企业融资能力 ϖ 的敏感程度，$\alpha = 0$ 表示投资者对企业融资能力不敏感。同时，我们假设企业的融资能力 ϖ 也服从一个参数为 ϑ_2 的 Pareto 分布，即概率密度函数 $\varphi_2(\varpi, \vartheta_2) = \vartheta_2 \varpi^{-\vartheta_2 - 1}$，$\varpi \in [1, \infty)$。于是，投资者认可的企业融资能力 ϖ_2 服从概率密度函数 $\varphi_2(\varpi_2, \theta_2) = 1/\theta_2 \varpi_2^{-1/\theta_2 - 1}$ 的随机分布，其中，$\varpi_2 \in [1, \infty)$，$\theta_2 = \alpha/\vartheta_2$。因为 $\ln\varpi_2$ 的标准差等于 θ_2，所以，θ_2 体现了金融市场的信贷不平衡程度，与投资者对企业融资能力的敏感度（α）及企业融资能力差异程度（$1/\vartheta_2$）正相关。在企业融资能力分布既定的情况下，投资者对企业融资能力越敏感（α），信贷资源将更多的集中到融资能力强的企业。在以四大国有银行为主体的金融体制下，大银行会给予企业的国有背景、资产规模和财务报表等"硬信息"以极大的敏感度，此时，信贷资源向国有大规模企业集中的现象就会非常突出。

在这些设定下，行业的出口总额将转化为：

$$X_h = \frac{N_h \mathscr{B} \vartheta_1}{\vartheta_1 - \varepsilon + 1} \int_1^\infty \left[a^X(\varpi_2) \right]^{-\vartheta_1 + \varepsilon - 1} \varphi_2(\varpi_2, \theta_2) d\varpi_2$$

(4 – 15)

可以证明，$\partial X_h / \partial \theta_2 > 0$，于是，得到如下命题。

命题 4 – 5：在企业数目 N_h、国外市场规模 $\mathscr{A}$、贸易成本 τ、效率异质程度 θ_1、正规金融市场利率 r_L 以及金融市场分割程度 ξ 既定的情况下，行业 h 的总出口 X_h 随着信贷不平衡的扩大（θ_2 增加）而提高。

命题 4 – 5 的结论与以往研究得出的金融发展程度低不利于

出口的直观认识有出入，而且，命题背后的逻辑并不十分明确，我们将从两个不同的角度进行解释。为了使描述清楚，在解释时均假定企业的生产效率相同。首先，考虑一个略显极端的情况。假使一个经济发展刚起步的地区，区域内所有企业从正规金融市场获得资金的机会和成本均相同。此时，企业的效率过低，不足以在当下外部融资成本的情况下从出口中获得正利润，导致该地区的出口总额等于0。现在，该地区政府决定走出口导向型发展战略，给予市场中某些"龙头"企业更高的信贷可获得性和更低的信贷成本支持。这相当于将信贷资源更多地集中到少数企业，因而，在金融市场产生的效果是增加了金融市场上的信贷不平衡。当对"龙头"企业的信贷支持足够大时，在获得信贷支持的企业中，部分可能凭借低廉的资金成本而实现从出口中获利，因而，也改变了该地区总出口为零的境况。这样，我们就发现了信贷不平衡和出口之间的正向关系。除此之外，命题4-5还可以用形式化却也不失直观的方式加以解释。首先，我们将所有的企业按照融资能力从高到低进行排序，由命题4-2可知，在企业效率相同的情况下，出口企业必定处于前列。不失一般性，可以假设只有极少数的企业出口，因此，所有的出口企业的融资能力都将超过平均融资能力，同时，存在其他融资能力超过平均水平的非出口企业。考虑这样一种增加信贷不平衡的方案，即增加融资能力超过平均水平的企业的信贷支持，以减少对融资能力低于平均水平的企业的信贷配给，维持信贷资源的供求平衡。此时，受到信贷支持的企业外部融资成本降低，而被缩减信贷配给的企业外部融资成本增加。因为外部融资成本增加的企业原本就是零出口企业，所以，该信贷政策不可能再降低出口。命题4-2指出，融资成本情况并不影响出口量，故该政策对已出口企业的出口也不会产生影响。那些原本未出口，但融资能力高于平均水平的企业，此时，则可能因外部融资成本的下降而选择出口,这部分企业的出口将有所增加。总体而言,这一政策以信贷不平衡换取了出口增加。这两种解释均依赖一些强假设。

依据一贯的看法,出口通常被认为有利于国家福利的提高,因为它意味着就业、资源利用率和国民收入的增加,但这种通过增加信贷不平衡而实现的高出口,同样有利于国民福利吗?囿于篇幅,本书不准备全面地探讨这种金融管制的福利效应,只略作评述。我们考察经济系统从信贷平衡状态到信贷不平衡状态的转变,并通过总出口利润变化来衡量这一转变的福利效应。在信贷平衡时,所有企业的融资成本相同,相当于企业市场的均衡成本,企业在出口决策上的差异完全取决于效率差异。信贷不平衡可能对企业产生四种结果:出口的企业继续出口、不出口的企业继续只选择内销、不出口企业开始出口以及出口的企业放弃出口。如命题4-2指出的,企业信贷情况对企业的出口规模无关,故前两种结果并不会带来实质效应。第三种结果是信贷不平衡的增加是促进出口的关键。在没有信贷支持的情况下,这些企业出口将给企业带来亏损,信贷支持使这些企业强行出口,虽然增加国家的出口额,这些企业也在盈利,但亏损的实质并未改变,这些企业出口规模越大,国家(地区)的亏损越大。出现第四种结果的企业恰好相反,它们原本能够通过出口获得的利润,现在因获得信贷资源减少而被迫放弃出口。从企业的角度来看,放弃出口是理性的决策,但从国家(地区)的视角来看,这种做法则相当于放弃原本能够获得的利润。总体而言,一个国家(地区)通过增加信贷不平衡实现出口扩张的做法,相当于放弃原本能够获得的利润去追求损失,虽然出口总额增加,但福利不可避免会下降。

前述部分,我们已经详细分析了管制下的金融摩擦对出口贸易的影响机制和影响方向,在随后的实证部分,本章将对命题4-3~命题4-5进行验证。但在进入实证分析之前,我们将推导一个更为精确的假设。由于该假设对模型的设定提出了更高要求，因此，如果它能通过实证检验，那么，本模型的可靠度将得到极大增强。在金融市场的不平衡程度较高的国家，即绝大部分企业的外部融资成本都很高，与市场的平均融资成本相似，此时，我们有如下命题成立：

命题 4-6：在企业数目 N_h、国外市场有效规模 $\mathscr{B}$、正规金融市场利率 r_L 以及企业融资能力分布既定的情况下，金融市场分割程度越高的地区，企业效率异质度 θ_l 对总出口的正向效应越强。

第三节 指标构建和数据描述

一、数据来源

验证上述命题需要以下指标：总出口、信贷不平衡程度、效率异质度、金融市场分割程度以及包括企业数目在内的控制变量集。城市的经济活动单元更为集中，金融市场分割和信贷不平衡程度更能反映企业面临的真实情况，故本章使用中国各城市所有制造业二位行业出口情况作为经验分析的样本，具体变量来源于 2006 年《中国工业企业数据库》。

《中国工业企业数据库》由国家统计局根据"规模以上工业统计报表"统计，包括全部国有企业以及规模以上非国有工业企业，共计 301 955 家。为保证数据的有效性和可得性，我们在构建样本时剔除了企业代码重复的数据，总资产、职工人数、工业总产值、固定资产净值或销售额缺失，主营业务收入小于 500 万元人民币（规模以下），职工人数少于 20 人（微型），利息支出为负，以及总资产小于流动资产或总资产小于固定资产合计及年平均余额的企业。我们将剩余的 247 406 家企业根据其所处城市和所属二位行业进行分组，共得到 7 501 个样本对。然后，逐组计算总出口（各企业出口交货值之和）、效率异质度和信贷不平衡的代理指标、企业数目、平均利息支出水平、平均从业人员数、资本密集度（各企业人均固定资本的均值）、HHI（Herfindahl-Hirschman index，赫芬达尔—赫希曼指数）[①]、国有资本占比（所有企业的国有资金占总实收资本的比重）以及外资占比（所有企业的外商资金占总实收资本的比重和我国港澳台地区资金占总实收资本的比重）。在进一步剔除企业数目小于 10 家、变量缺失数据及国有资本占比为负或外资占比为负的组别后，最终剩余 3 106 条观测作为考察的实际样本数据。在已有研究中并未涉及对效率异质度、信贷不平衡以及金融市场分割指标构建的详细说明，我们将在下文中对上述指标的选取依据及构建方法作较为详尽的介绍。

二、效率异质度和信贷不平衡

借鉴赫尔普曼等（Helpman et al., 2004）的研究，我们使用取对数后企业销售产值的标准差衡量效率异质度的指标。因为企业的销售额与生产效率存在固定的比例关系，即销售额 S ∝ $a^{\varepsilon-1}$，所以，当生产效率 a 服从参数为 θ 的 Pareto 分布时，销售额 S 将服从参数为 θ/(ε-1) 的 Pareto 分布。此时，在行业的替代弹性保持不变的假设下，取对数后企业销售产值的标准差

[①] HHI 是指，一个行业中各市场竞争主体所占行业总收入或总资产百分比的平方和：

$$HHI = 10^4 \sum_{i \in S}(S_i / \sum_{j \in S} S_j)^2$$

其中，S_i 表示企业的销售额，S 为计算 HHI 所使用的样本。HHI 是一个体现行业集中度的有效指标，也能在一定程度上反映行业的竞争程度。

$(\varepsilon-1)/\theta$ 能够很好地度量效率异质度。然而，行业内部替代弹性可能在不同地区存在差异，故企业销售产值衡量的效率异质度对出口的影响也包含替代弹性的作用。同时，虽然在新新贸易理论框架下，企业的规模由其生产效率决定，但在现实中其他因素也能对企业规模产生影响。如管理协调能力、产品包装和宣传能力、经销营销能力等，企业的对数销售产值的标准差可能包含企业之间生产效率以外的异质性，并导致销售额标准差的估计系数不能如实反映企业层面效率异质性对出口的影响。因此，我们将同时使用企业的对数全要素生产率①（TFP）标准差，作为衡量企业效率异质程度的替代指标。

本章选择企业利息支出对数值的标准差，作为信贷不平衡程度的代理变量。根据理论模型，利息支出 $\mathscr{T}=r_0(\varpi)\times D^F\lambda$，其中，$D^F$ 为企业的资金需求，λ 为企业外部资金依赖度。在企业资金需求和外部资金依赖度的分布与企业外部融资能力分布无关的假设下，利息支出的波动取决于 ϖ 的变动，而后者的变动正是信贷不平衡的理想度量。考虑到现实中可能存在利息外融资成本（如担保费、房屋评估费等），故在经验分析中我们还将使用企业财务费用作为利息支出的替代指标，构建信贷不平衡的代理变量。此外，鉴于企业的资金需求（D^F）可能与自身规模显著相关，使得利息支出的对数标准差的估计结果不能准确体现信贷不平衡的出口效应。本章还将使用利息支出率（利息支出与企业销售额的比值）代替利息支出计算反映信贷不平衡程度的代理指标。

三、金融市场分割

考虑到金融市场分割程度是一个区域变量，无法从工业企业

---

① 分析中所使用的全要素生产率数据为我们采用 LP 半参数估计法计算而得，使用的数据为 1998~2007 年《中国工业企业数据库》的数据。

数据中构建，本章将选取两个间接指标作为金融市场分割程度的代理指标。

首先，我们从金融市场的完善程度方面度量金融市场分割程度。具体数据来源于《中国地区金融生态环境评价（2006~2007）》中90个中心城市金融信用的基础设施和制度基础建设指数，包括市场中介组织发育（律师、会计师、审计师、公正系统）、诚信文化建设、法治环境和社会保障四个分项指标构成。其中，市场中介组织可有效降低非正规金融市场的交易成本；良好的诚信文化是企业"软信息"被接受的保证，提升非正规金融市场上信息的利用效率；法制环境是契约被有效执行的保证，能够扩大非正规金融市场的交易范围；完备的社会保障，能够在一定程度上增强居民的风险承受能力。这些因素均能有效降低非正规金融市场的利率，进而缩小金融市场的分割程度。在实际分析时，我们使用金融信用的基础设施和制度基础建设指数与最优状态（指数等于1）的差距（以下简称"信贷和制度不完善指数"）度量金融市场分割程度，并认为信贷和制度不完善指数越高，金融市场分割越突出。

其次，我们从民间资本的供需方面来度量金融市场分割程度。具体指标为房地产开发企业自筹资金占总资金来源的比重（以下简称"房地产自筹资金占比"）。房地产开发企业自筹资金有两个重要来源：自有资金和直接融资。因为房地产开发企业的自有资金是民间资本的重要组成部分，其直接融资的一部分来源于民间资本，所以，增加房地产自筹资金占比的两条渠道都倾向于减少流入非正规金融市场在内的其他市场的民间资本。在非正规金融市场资金需求不变的情况下，将最终提高非正规金融市场的利率。鉴于房地产是民间资本投资一个非常重要的领域，故这一作用机制将非常突出。除减少民间资本流入外，房地产自筹资金占比增加，亦能提高对非正规金融市场的资金需求。事实上，民间信贷是民间资本进入房地产市场的重要方式。截至2011年5

月,温州市民间借贷资本中用于房地产项目投资和集资炒房所占份额达到20%,而用于一般生产经营的资金所占份额不过35%(中国人民银行温州市中心支行,2011)。虽然包括民间借贷资本在内的民间资本大量进入房地产行业,但这并不意味着大量资金流入房地产开发领域,故房地产自筹资金占比增加可能对民间资本市场的利率产生的影响有限。即便如此,房地产自筹资金占比高往往预示房地产市场的行情乐观,它与民间资本市场的利率具有紧密的正向关系。因此,我们可以认为,在其他因素相同的情况下,房地产自筹资金占比高的地区将会出现更大的金融市场分割率。在实证分析中,企业自筹资金占比的数据来源于《房地产统计年鉴》中省会(首府)城市或计划单列市的房地产企业自筹资金占总资金来源的份额。自筹资金为除去上年结余资金、银行贷款、非银行金融机构贷款、利用外资、自有资金、定金及预收款以及个人按揭贷款以外的资金来源。

四、变量的统计描述

此外,在估计金融市场分割对出口的作用时,借鉴包群和阳佳余(2010)的研究,我们还将加入存贷款余额占比(银行及其他金融机构存贷款余额占地区生产总值的比重)以控制地区金融发展程度对出口的作用。其数据来源于2007年《中国城市统计年鉴》。表4-1给出了上述变量的统计描述。鉴于只有90个中心城市的信用、制度不完善指数数据,房地产业自筹资金占比只有省会(首府)城市以及计划单列市数据,故本章经验研究部分将根据所使用的变量不同而选择三种不同的样本:全样本、90个中心城市样本以及省会(首府)城市和计划单列城市样本。表4-1报告了各变量在全样本下的均值、标准差、最小值和最大值,以及在后两个样本下的均值和标准差。

第四章 金融摩擦与中国高出口之谜

表 4-1　变量的统计描述

变量	全样本 均值	全样本 标准差	全样本 最小值	全样本 最大值	90 个中心城市 均值	90 个中心城市 标准差	省会（首府）城市和计划单列市 均值	省会（首府）城市和计划单列市 标准差
出口	12.07	2.287	0	19.66	12.76	2.351	12.84	2.436
利息支出标准差	1.798	0.456	0.107	5.055	1.862	0.437	1.911	0.427
财务费用标准差	1.895	0.429	0.457	4.418	1.964	0.400	2.043	0.400
利息支出率标准差	1.501	0.385	0.197	3.684	1.542	0.374	1.589	0.348
销售额标准差	1.174	0.290	0.469	3.323	1.238	0.302	1.261	0.293
TFP 标准差	0.392	0.234	0.0424	2.526	0.393	0.181	0.430	0.174
信用和制度不完善指数					−0.691	0.407	−1.060	0.646
房地产自筹资金占比							−1.191	0.355
企业数目	3.676	0.982	2.303	7.329	4.015	1.061	4.121	1.050
平均利息支出	5.309	0.747	1.428	8.678	5.358	0.714	5.467	0.689
平均从业人数	4.760	0.418	3.537	7.200	4.710	0.440	4.776	0.378
人均固定资本	3.697	0.589	0.482	5.575	3.718	0.583	3.754	0.596
HHI	−20.58	2.556	−26.97	−10.89	−19.81	2.595	−19.36	2.593
国有资本比重	0.0911	0.168	0	0.971	0.101	0.177	0.131	0.187
外商资本比重	0.231	0.258	0	0.992	0.305	0.271	0.311	0.253
存贷余额占比	2.416	1.043	0.763	5.751	2.414	1.043	3.312	0.927
样本数目	3 106				1 553		673	

注：出口、信用和制度不完善指数、房地产自筹资金占比、企业数目和 HHI 均为对数形式。利息支出标准差、财务费用标准差、利息支出标准差、销售额标准差、全要素生产率标准差、平均利息支出、平均从业人数、人均固定资本均由相应变量对数形式计算获得。

资料来源：笔者根据《中国工业企业数据库》《中国地区金融生态环境评价（2006~2007）》以及《中国城市统计年鉴》中的相关数据，采用 Stata 软件，绘制而得。

第四节 实证分析

在本节中,我们将逐一验证理论模型中的四个推论。一是使用全样本数据考察信贷不平衡和效率异质度对出口的作用。二是使用90个中心城市样本以及省会(首府)城市和计划单列市样本考察金融市场分割对出口的影响。三是对金融市场分割程度和效率异质度的交叉作用进行验证。四是各部分均包含描述性图形以给出理论模型推论的直观印象和城市行业层面的回归分析,以对模型推论进行严密验证。

一、信贷不平衡、效率异质性和出口

图4-1(a)为出口对利息支出标准差的散点图和拟合线,表明利息支出标准差与出口正相关,支持信贷不平衡程度增加可促进出口的预测。同样,图4-1(b)所显示的出口对销售额标准差的散点图和拟合线,也印证了效率异质度对出口总额具有正向作用的结论。

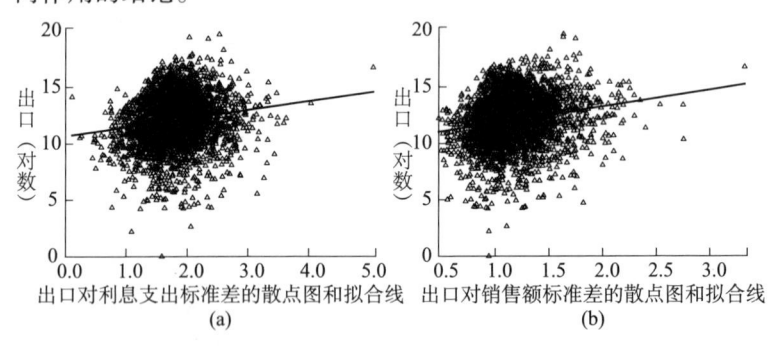

图4-1 信贷不平衡、效率异质度和出口

资料来源:笔者根据《中国工业企业数据库》《中国地区金融生态环境评价(2006~2007)》以及《中国城市统计年鉴》中的相关数据,采用Stata软件,绘制而得。

表 4-2 进一步验证了在加入相关控制变量后，信贷不平衡和效率异质度对出口的正向作用。表 4-2 中各列对应的线性方程可写为：

$$\ln X_{cs} = \mu + \alpha F_{cs} + \beta E_{cs} + \mathbf{Z}'_{cs}\gamma + \varepsilon_{cs} \quad (4-16)$$

在式 (4-16) 中，c 和 s 分别表示不同城市和不同行业，X 表示出口，F 和 E 分别表示信贷不平衡程度和效率异质度，$\mathbf{Z}'_{cs}$ 为控制变量组成的向量集，ε_{cs} 为随机误差项。系数 α 和系数 β 分别代表信贷不平衡和效率异质度对出口的影响效应。由于企业数目是决定总出口的重要解释变量，故表 4-2 中所有方程的控制变量集都包含了企业数目指标。在表 4-2 的第（1）列结果显示，利息支出标准差每增加一个单位，可促进出口总额增加 0.34%，支持命题 4-5 中信贷不平衡程度与总出口具有正向关系的推论。此外，命题 4-4 的结论也在表 4-2 中的第（1）列的估计结果得到了支持，作为体现企业效率异质度的指标，销售额标准差对出口水平具有显著的正向效应。

值得注意的是，Pareto 分布的一个典型特点是变量对数值的均值和标准差成正比关系，信贷不平衡和效率异质度对出口的正向作用可能仅仅是平均外部融资能力和生产效率高所产生的假象。为了考察这种可能性，我们在表 4-2 的第（2）列中加入平均利息支出和平均从业人员数，以控制整体外部融资能力和生产效率。同时，由于资本密集度不仅能够影响出口竞争优势，也在一定程度上决定了企业的资金需求状况，而市场集中程度与企业的成本加成率相关，可干扰企业销售额标准差和 TFP 标准差之间的关系，忽视这两方面的因素均可能导致估计结果的非一致性。于是，我们在第（3）列中进一步加入了人均固定资本和 HHI 用于控制不同城市、不同行业的资本密集度和市场集中程度，并加入国有资本比重和外商资本比重以控制所

表 4-2　信贷不平衡、效率异质度和出口

被解释变量：对数出口额

第一部分：OLS 估计

解释变量	(1)	(2)	(3)	(4)	(5)	(6)	(7)
利息支出标准差	0.335*** (0.083 6)	0.228*** (0.081 6)	0.247*** (0.076 1)	0.261*** (0.075 9)			0.504*** (0.071 7)
财务费用标准差					0.261*** (0.084 8)		
利息支出率标准差						0.166** (0.083 0)	
销售额标准差	1.509*** (0.133)	1.054*** (0.155)	1.143*** (0.151)	1.267*** (0.156)	1.311*** (0.153)	1.431*** (0.145)	
TFP 标准差							0.549*** (0.182)
企业数目	1.479*** (0.026 5)	1.524*** (0.025 1)	1.327*** (0.024 5)	1.219*** (0.035 4)	1.220*** (0.035 4)	1.217*** (0.035 5)	1.218*** (0.036 0)
平均利息支出		0.063 2 (0.049 8)	0.437*** (0.055 0)	0.253*** (0.057 4)	0.203*** (0.055 7)	0.244*** (0.059 7)	0.390*** (0.056 4)
平均从业人数		1.223*** (0.071 6)	0.481*** (0.083 2)	0.837*** (0.111)	0.877*** (0.111)	0.854*** (0.111)	0.998*** (0.109)
人均固定资本			−0.705*** (0.067 8)	−0.266*** (0.091 5)	−0.234** (0.092 0)	−0.267*** (0.091 8)	−0.186** (0.091 7)
HHI			223.0*** (53.96)	146.4*** (49.61)	150.4*** (50.15)	150.1*** (51.33)	192.2*** (63.25)

续表

解释变量	(1)	(2)	(3)	(4)	(5)	(6)	(7)
国有资本比重			-0.0688	0.751***	0.733***	0.785***	0.895***
			(0.205)	(0.205)	(0.204)	(0.206)	(0.210)
外商资本比重			2.119***	1.110***	1.091***	1.089***	1.135***
			(0.107)	(0.155)	(0.155)	(0.156)	(0.158)
行业虚拟变量	N	N	N	Y	Y	Y	Y
城市虚拟变量	N	N	N	N	Y	Y	Y
样本数	3 106	3 106	3 106	3 106	3 106	3 106	3 106
调整 R^2	0.440	0.487	0.569	0.673	0.673	0.672	0.664
第二部分：多项式模拟估计								
信贷不平衡	0.347***	0.252***	0.283***	0.281***	0.265***	0.196***	0.484***
	(0.0830)	(0.0840)	(0.0800)	(0.0790)	(0.0920)	(0.0950)	(0.0790)
效率异质度	1.311***	0.874***	0.984***	1.202***	1.248***	1.354***	0.909***
	(0.147)	(0.155)	(0.167)	(0.175)	(0.148)	(0.182)	(0.355)

注：（1）第二部分的信贷不平衡为利息支出标准差，财务费用利息支出中的一个，效率异质度为销售额标准差和TFP标准差中的一个，具体选择取决于第一部分对应列的变量使用。所有的方程都采用最小二乘法进行估计。（2）表中行业虚拟变量和城市虚拟变量使用"Y"代替，"N"，分别表示相应虚拟变量是否加入。（3）本表省略了常数项的估计结果。（4）小括号中数据在第一部分是怀特稳健标准差，在第二部分是自助法（bootstrap）标准差。（5）***、**、* 分别表示估计系数在1%、5%、10%置信水平上显著。

资料来源：笔者根据《中国工业企业数据库》《中国地区金融生态环境评价（2006~2007）》以及《中国城市统计年鉴》中的相关数据，采用Stata软件，绘制而得。

有制因素对出口的作用。此外，我们还在第（3）列的基础上，加入城市虚拟变量和行业虚拟变量，分别控制城市固定效应或行业固定效应（见第4列）。结果显示，控制上述影响因素后的利息支出和销售额标准差的估计系数仍然显著为正，且系数变动有限，进一步支持了命题4-4的推论和命题4-5的推论。

考虑到核心变量的测量误差问题，我们还采用核心变量的代理指标进行替代检验。其中，表4-2中的第（5）列，报告了使用财务费用指标代替利息支出指标计算的信贷不平衡代理指标的估计结果，第（5）列使用对数TFP的标准差代替销售额标准差作为效率异质度的代理指标，第（6）列所对应的计量模型中使用利息支出率计算的信贷不平衡代理指标。估计结果显示，财务费用标准差的估计系数显著为正，且估计系数大小仅小幅变动；利息支出率和TFP标准差的估计系数虽然下降明显，但对出口的正向作用依旧在经济意义和统计意义上显著。因此，以不同指标度量的信贷不平衡和效率异质度，均对出口具有正向作用。

为了得到信贷不平衡、效率异质度和出口的关系，模型在推导过程中假定企业生产效率和外部融资能力服从独立的Pareto分布。然而，这一假说过强，很难找到其现实依据。为验证估计结果对它的敏感程度，我们在表4-2的第二部分，报告了当企业生产效率和外部融资能力的联合分布函数不确定情况下的估计结果。估计方程可写为：

$$\ln X_{cs} = \mu + \psi(F_{cs}, E_{cs}, Z_{cs}^{*\prime}) + Z_{cs}^{\prime}\gamma + \varepsilon_{cs} \quad (4-17)$$

在式（4-17）中，$Z_{cs}^{*\prime}$为除信贷不平衡和效率异质度外影响生产效率和外部融资能力的联合分布的控制变量集，除表4-2中的第（1）列不包含任何变量外，其余列均为平均利息支出和平均从业人数；$Z_{cs}^{\prime}$为其他影响出口的控制变量集，包含的变量与第一部分对应列相同；ε_{cs}为随机误差项；$\psi(F_{cs}, E_{cs}, Z_{cs}^{*\prime})$为所有变量不确定的函数形式。我们使用（$F_{cs}$，$E_{cs}$，

$Z_{cs}^{*\prime}$）的三次多项式（使用更高阶的多项式对估计结果的影响有限）对其进行模拟，并使用 OLS 估计上述方程。显然，信贷不平衡和效率异质度对总出口的效应将取决于（F_{cs}，E_{cs}，$Z_{cs}^{*\prime}$）的具体取值，但为给出一个总体影响，我们估计它们对出口的平均边际效应为 $\sum_{cs \in S}[\partial \psi(F_{cs}, E_{cs}, Z_{cs}^{*\prime})/\partial K]$。其中，K = F，E，cs∈S 表示城市 c 和行业 s 的所有观测，并使用自助法（bootstrap）估计平均边际效应的标准差。结果显示，信贷不平衡和效率异质度仍具有显著的正向边际效应，即命题4-4和命题4-5的成立，并不依赖于对生产效率和外部融资能力联合分布的强假设。

二、金融市场分割

与前述分析类似，我们仍然采用散点图和拟合线，见图4-2，初步描绘各城市金融市场分割程度与总出口之间的相关关系，并且，分别以城市信用和制度建设不完善程度及房地产自筹资金占比度量金融市场分割程度，图形显示金融市场分割程度越高的城市总出口越小。同时，表4-3给出了在控制其他因素的情况下，金融市场分割程度对出口影响的 OLS 估计结果。其中，第（1）列至第（4）列使用90个中心城市所有行业的数据作为估计样本；第（5）列至第（8）列，使用省会（首府）城市和计划单列市的所有行业数据作为估计样本，各列采用的回归方程如下：

$$\ln X_{cs} = \mu + \delta S_c + Z_{cs}^\prime \gamma + \varepsilon_{cs} \quad (4-18)$$

在式（4-18）中，S_c 代表城市 c 的金融市场分割程度，系数 δ 体现了金融市场分割程度对总出口的影响效应，其他变量和下标的意义与式（4-16）相同。

在表4-3的第（1）列的估计结果显示，信用和制度建设不完善指数对总出口具有显著的负向作用，每提高1%将导致出口水平下降2.5%。这进一步印证了理论模型中金融市场分割不利于出口的推论。调整 R^2 表明，接近20%的出口变动与信用和制度不完善指数的差异相关。为给出一个较为清晰的描述，可考察四川省成都市和江苏省常州市的出口差异，其中，成都市信用和制度不完善指数为0.62（第三分位数），常州市信用和制度不完善指数为0.29（第一分位数）。常州市信用和制度不完善指数比成都市低53.2%，根据估计结果，我们可以得出信用水平差异会导致常州市各行业的平均出口额高于成都市95.8%［53.2%×(-1.8)≈95.8%］，占常州市、成都市各行业总体出口额差距（420%）的22.3%。即信用和制度建设不完善指数的差异，解释了两地出口水平差异中的22.3%。

(a)信用和制度不完善指数（对数）　　(b)房地产自筹资金占比（对数）

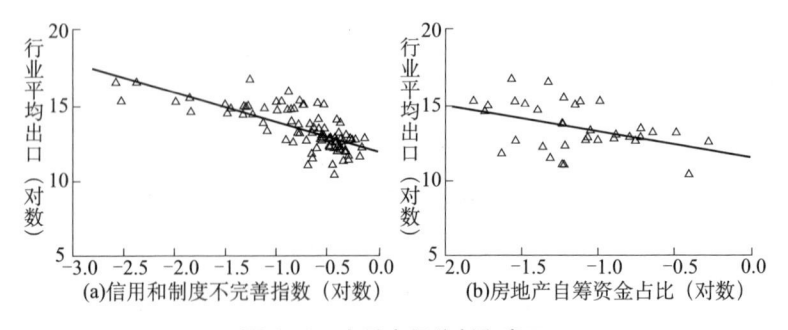

图4-2　金融市场分割和出口

资料来源：笔者根据《中国工业企业数据库》《中国地区金融生态环境评价(2006—2007)》以及《中国城市统计年鉴》中的相关数据，采用 Stata 软件，绘制而得。

我们在表4-3的第（2）列～第（4）列逐步加入控制变量，以考察遗漏变量问题对估计结果的影响。第（2）列加入了理论模型中包含的三个变量：利息支出标准差、销售额标准差和企业数目；第（3）列加入了平均利息支出、平均从业人员、HHI、人均固定资本、国有资本比重、外商资本比重以及行业虚拟变量；第（4）列加入省区市虚拟变量以控制省际差异对估计结果的干扰，并使用各城市银行及其他金融机构存贷余额占地区生产总值的比重控制各城市的金融发展水平。[①] 估计结果显示，在控制诸多影响因素的情况下，信用和制度不完善指数仍然对出口具有显著的促进作用。

表4-3的第（4）列~第（8）列，为使用房地产企业自筹资金替代信用和制度建设不完善程度后的估计结果。结果显示，房地产自筹资金占比的估计系数在四个回归方程中均为负，且在统计意义上显著。在加入其他控制变量后，房地产自筹资金占比每提高1%，可导致出口额下降约2%，故房地产企业自筹资金对出口的负向作用在经济意义上不容忽视。由数据描述部分的分析可知，根据房地产企业自筹资金与金融市场分割程度之间的正向关系，此估计结果同样表明，金融市场的分割程度与出口存在负向关系。

除表4-3列举的回归方程外，我们还分别采用企业财务费用异质程度替代利息支出标准差，企业全要素生产率标准差替代销售额标准差对表4-3的所有方程进行了相关检验，信用和制度建设不完善程度和房地产自筹资金占比的估计系数保持了较高的稳健性。穆尔顿（Moulton，1990）认为，加总变量估计系数的标准差在微观计量回归方程的 OLS 估计中会被低估。因此，金融市场分割程度对出口的显著影响可能是由于其标准差被低估造成的，但使用聚类标准差的估计结果表明，即便允许同一城市不同行业观测的误差项彼此相关，表4-3所有方程中的信用和制度不完善指数和房地产自筹资金占比的估计系数的方向及显著性仍未发生改变。此外，我们还将金融市场分割程度 S_c 加入函数 $\psi(F_{cs}, E_{cs}, \mathbf{Z}_{cs}^{*\prime})$，并计算金融市场分割程度 S_c 对总出口的平均边际效应，与预期结果一致，估计结果在所有方程中均为显著的负向效应。

[①] 斯瓦莱德和弗拉乔斯（Svaleryd and Vlachos，2005）对金融发展水平的测度指标进行了一个有益的总结。考虑数据的可得性问题，以及文献的重点不在于估计地区金融发展水平对出口的作用，故本章只选用了其中较为常用的一种。

表 4-3　金融市场分割和出口

被解释变量：对数出口额

解释变量	(1)	(2)	(3)	(4)	(5)	(6)	(7)	(8)
信用和制度不完善指数	-1.769*** (0.088 7)	-0.690*** (0.076 5)	-0.366*** (0.074 7)	-0.282** (0.126)			-0.731*** (0.188)	-2.016*** (0.416)
房地产自筹资金占比					-2.085*** (0.227)	-1.452*** (0.194)		0.409** (0.177)
利息支出标准差		0.579*** (0.127)	0.421*** (0.112)	0.400*** (0.111)		0.767*** (0.198)	0.460** (0.179)	0.409** (0.177)
销售额标准差		1.358*** (0.192)	0.932*** (0.231)	1.251*** (0.225)		1.580*** (0.294)	0.878** (0.360)	1.135*** (0.322)
企业数目		1.346*** (0.040 9)	1.301*** (0.044 5)	1.179*** (0.044 2)		1.485*** (0.058 7)	1.389*** (0.066 8)	1.190*** (0.092 6)
平均利息支出			0.464*** (0.086 1)	0.369*** (0.082 0)			0.539*** (0.148)	0.427*** (0.155)
平均从业人数			0.448*** (0.133)	0.751*** (0.143)			0.347 (0.221)	0.640** (0.266)
人均固定资本			-0.324*** (0.125)	-0.270** (0.130)			-0.132 (0.215)	-0.257 (0.245)

续表

解释变量	(1)	(2)	(3)	(4)	(5)	(6)	(7)	(8)
常数项			119.8*** (43.84)	113.0*** (41.56)			100.2** (39.91)	59.41 (37.02)
国有资本比重			0.103 (0.263)	0.917*** (0.264)			0.426 (0.397)	0.965** (0.384)
外商资本比重			1.843*** (0.150)	1.332*** (0.182)			2.406*** (0.282)	1.305*** (0.387)
存贷余额占比				−0.167*** (0.0620)				−0.764*** (0.205)
其他控制变量	N	N	Y	Y	N	N	Y	Y
行业虚拟变量	N	N	Y	Y	N	N	Y	Y
省区市虚拟变量	N	N	N	Y	N	N	N	Y
样本数	1553	1553	1553	1553	673	673	673	673
调整 R^2	0.184	0.506	0.663	0.709	0.091	0.523	0.689	0.736

注：所有方程都采用最小二乘法进行估计。表中行业变量和城市虚拟变量使用"Y"或"N"代替，分别表示对应虚拟变量是否加入。""表示省略了常数项的估计结果。小括号中数据是第一部分是怀特稳健标准差，***、**、*分别表示估计系数在1%、5%、10%置信水平上显著。

资料来源：笔者根据《中国工业企业数据库》《中国地区金融生态环境评价（2006～2007）》以及《中国城市统计年鉴》中的相关数据，采用 Stata 软件，绘制而得。

三、金融市场分割与效率异质程度的交叉效应

我们将各城市—行业观测值按照金融市场分割程度由小到大排序，并通过图4-3对比金融市场分割程度排序前25%的地区、后25%的地区的效率异质度与出口之间的相关关系。同时，我们分别采用信贷建设和制度建设不完善程度，见图4-3（a），和房地产自筹资金占比，见图4-3（b），作为度量金融市场分割程度的代理指标。由图4-3可知，相比于金融市场分割程度前25%的城市，效率异质度对出口的正向效应在后25%的城市中更为明显，与定理4的预测完全一致。

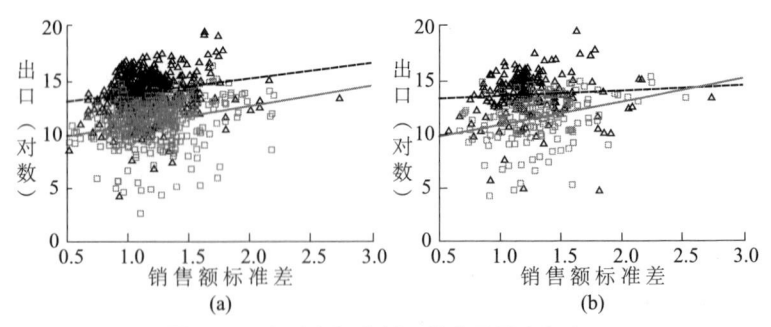

图4-3 金融市场分割、效率异质度和出口

注：黑色空心三角为金融市场分割程度前25%的城市（分割程度小）的效率异质度和出口散点图，黑色虚线为相应的拟合线；灰色空心方块和灰色直线则分别为金融市场分割程度后25%的城市（分割程度较大）的效率异质度和出口散点图及相应拟合直线。

资料来源：笔者根据《中国工业企业数据库》《中国地区金融生态环境评价（2006~2007）》以及《中国城市统计年鉴》中的相关数据，采用Stata软件，绘制而得。

为给出更为精确的验证，在表4-4中，我们对加入金融市场分割程度与效率异质度交叉项的估计方程进行OLS回归，对应的回归方程如下：

第四章 金融摩擦与中国高出口之谜

$$\ln X_{cs} = \mu + \lambda S_c \cdot E_{cs} + Z'_{cs}\gamma + \varepsilon_{cs} \qquad (4-19)$$

在式（4-19）中，系数 λ 体现了金融市场分割程度和效率异质度对出口的交叉效应。根据定理4，我们预测 λ 的估计结果显著为正。在表4-4的所有列中，Z'_{cs} 均包括利息支出标准差、销售额标准差、企业数目、全部控制变量以及行业虚拟变量。第（1）列的估计结果显示，销售额标准差与信用建设和制度建设不完善程度交叉项的估计系数约为0.5，表明城市的信用和制度不完善指数提高1%，销售额标准差对总出口的正向作用可增加0.5%。估计结果支持了命题4-6的结论，金融市场分割程度越高（信用和制度不完善指数越高），企业生产效率异质度对出口的正向作用越强。

值得注意的是，金融市场分割程度在本章的样本中是一个仅随城市不同而变动的因素。因此，我们无法通过在基础估计模型中加入城市虚拟变量的方式控制城市其他因素对出口的效应，导致难以判断金融市场分割程度对出口的影响是否由于遗漏其他随城市变动的因素而产生的非一致估计结果，而金融市场分割对总出口没有任何直接因果关系。根据理论模型，命题4-6为考察金融市场分割与出口之间的关系提供了另一种更为精细的测算方法。表4-4中的第（2）列在第（1）列的基础上加入城市虚拟变量，销售额标准差与信用和制度不完善程度交叉项的估计系数仍然显著为正。该结果表明，即便控制所有仅随城市变动的影响因素，金融市场分割程度对出口仍然具有显著的促进作用。同时，估计结果也进一步验证了命题4-6的结论，金融市场分割程度越高的地区，效率异质度对出口具有越大的正向效应。

在表4-4中的第（3）列和第（4）列，我们使用房地产自筹资金占比代替信用和制度不完善指数，作为金融市场分割程度的代理变量，分别对第（1）列和第（2）列进行再估计。无论城市虚拟变量加入与否，房地产自筹资金占比提高1%，都可促使企业销售额标准差对出口的正向作用增加约 1.2%，同样验证了金融市场分割程度增加可提高效率异质度的出口效应的结论。该结果也表明，在企业生产效率异质程度高的地区，房地产自筹资金占比增加对出口的负向冲击更为不明显。

表 4-4　　金融市场分割与企业异质程度的交叉效应

解释变量	被解释变量：对数出口额			
	(1)	(2)	(3)	(4)
销售额标准差 × 信用和制度不完善指数	0.494 ** (0.218)	0.546 ** (0.215)		
销售额标准差 × 房地产自筹资金占比			1.158 ** (0.456)	1.204 *** (0.455)
信用和制度不完善指数	-0.867 *** (0.282)			
房地产自筹资金占比			-3.450 *** (0.676)	
利息支出标准差	0.392 *** (0.111)	0.304 *** (0.108)	0.424 ** (0.173)	0.415 ** (0.170)
销售额标准差	1.646 *** (0.315)	1.891 *** (0.315)	2.414 *** (0.636)	2.476 *** (0.635)
企业数目	1.172 *** (0.044 4)	1.200 *** (0.047 5)	1.179 *** (0.092 6)	1.168 *** (0.095 9)
平均利息支出	0.369 *** (0.081 7)	0.298 *** (0.086 8)	0.428 *** (0.154)	0.391 ** (0.157)
平均从业人数	0.736 *** (0.143)	0.634 *** (0.164)	0.620 ** (0.263)	0.643 ** (0.271)
人均固定资本	-0.265 ** (0.130)	-0.304 ** (0.150)	-0.251 (0.242)	-0.215 (0.253)
HHI	140.2 *** (48.47)	129.4 *** (46.58)	73.76 * (39.06)	74.34 ** (37.22)
国有资本比重	0.899 *** (0.262)	0.999 *** (0.265)	1.009 *** (0.380)	1.022 *** (0.380)
外商资本比重	1.354 *** (0.183)	1.153 *** (0.219)	1.283 *** (0.384)	1.258 *** (0.384)

续表

解释变量	被解释变量：对数出口额			
	(1)	(2)	(3)	(4)
存贷款余额占比	-0.164*** (0.0622)		-0.778*** (0.203)	
行业虚拟变量	Y	Y	Y	Y
省区市虚拟变量	Y	N	Y	N
城市虚拟变量	N	Y	N	Y
样本数	1 553	1 553	673	673
调整 R^2	0.710	0.724	0.738	0.741

注：所有方程都采用最小二乘法进行估计。表中行业变量和城市虚拟变量使用 Y 或 N 代替，分别表示对应虚拟变量是否加入。本表省略了常数项的估计结果。小括号中数据在第一部分是怀特稳健标准差，***、**、* 分别表示估计系数在1%、5%、10%置信水平上显著。

资料来源：笔者根据《中国工业企业数据库》《中国地区金融生态环境评价（2006~2007）》以及《中国城市统计年鉴》中的相关数据，采用 Stata 软件，绘制而得。

与分析金融市场分割和出口关系时的处理相同，我们还进行了如下检验：采用企业财务费用异质程度替代利息支出标准差、企业全要素生产率标准差替代销售额标准差；使用聚类标准差技术估计系数的标准差；以及放松企业生产效率和外部融资能力服从独立的 Pareto 分布的假设。效率异质性和金融市场分割对出口的交叉效应对于估计结果都保持稳健。

第五节　结论

本章分别使用金融市场分割和信贷不平衡来反映金融市场进入壁垒所导致的民间金融市场和正规金融市场的利率分割现象，以及因信贷供给过于集中而导致的信贷不平衡现象。并以斯蒂格利茨和维斯（Stiglitz and Weiss, 1981）的信贷配给模型、霍姆斯特姆和梯若尔（Holmstrom and Tirole, 1997）的企业信贷模型以及梅里兹（Melitz, 2003）的异质性企业贸易模型为基础，构建出一个企业具有效率和融资能力双重异质性的贸易分析框架。在模型中，生产效率、融资能力与企业出口概率正相关，而金融市场分割不利于企业特别是融资能力弱的企业出口；然而，一旦企业决定出口，出口额不再与自身的融资能力或金融市场分割程度相关，仅与自身的生产效率正相关。模型发现，信贷不平衡对出口总额具有显著的正向作用。这也解释了金融管制下的金融摩擦和高出口在中国同时突出的现象。模型也发现与以往研究金融抑制和出口关系的模型相似的结论，即金融市场分割越高，出口越低。模型还发现，企业效率异质程度对出口具有正向作用，且该作用随着金融市场分割程度的提高而增强。在经验研究部分，我们采用《中国工业企业普查数据》加总而成的城市—二位制造业行业的二维数据对上述假说进行验证，计量结果和稳健型分析的结论均支持模型的预测。

与已有研究不同，本章研究发现，金融市场偏离有效市场，即存在金融摩擦时，并不必然导致出口水平下降。事实上，如果金融摩擦主要体现在金融市场分割和信贷不平衡上，那么，它对出口的总体影响取决于两种影响的大小。本章也发现，即便可以用信贷不平衡换取高出口，这种做法的福利效应仍值得商榷，因为它将导致部分企业（信贷不平衡下受到融资约束）放弃出口，错失了原本能够获得的利润，而促使部分企业（信贷不平衡下受到信贷支持）强行出口，而这种出口，规模越大，给社会带来的损失越严重。因此，虽然信贷不平衡和出口正相关，但金融摩擦的出口效应，在总体上将降低社会的福利水平。

虽然既有研究未曾强调，但以不平衡为代价换取出口额的做法在一些地方政府其实相当普遍。比如，对高竞争力企业进行信贷支持是最常见的出口促进举措之一。信贷不平衡和出口的正相关关系即便不能完全解释中国金融摩擦和高出口同时突出，它的解释效应也不应该被忽视。现阶段，出口产品质量较低、出口量大已经成为中国经济进一步发展必须克服的问题，因为长期贸易顺差带来了国际压力，而低效率企业的大规模出口也制约产业的转型升级。诸如开放金融市场、鼓励中小金融机构发展等开放金融管制的措施，能够在多大程度上降低中国的出口依赖度，优化出口的企业效率结构，将是一个值得深思的问题。

第五章

融资约束与企业增加值贸易

——基于全球价值链视角的微观证据

第一节 引言

改革开放以来,中国以低成本劳动力的要素禀赋优势,参与发达国家跨国公司构建的全球生产分工体系,成为全球价值链(global value chain, GVC)参与程度最高的国家之一(金中夏和李良松,2014)。然而,从生产环节看,中国长期位于价值链的低端,在全球价值链中居于从属地位。与此同时,中国金融市场发展不完善的问题仍然普遍存在,世界银行投资环境调查数据表明:中国是 80 个样本国家中受融资约束最大的国家(Claessens and Tzioumis, 2006)。《中共中央关于制定国民经济和社会发展第十三个五年规划的建议》明确加快金融体制改革,提高金融服务实体经济效率及中国产业在全球价值链中地位的战略目标。因此,研究融资约束与企业在全球价值链中增加值贸易的二元边际,具有重要的现实意义。

全球价值链的分工模式对传统的贸易总流量统计方式和出口的二元边际分析提出了挑战。不少学者指出,总贸易的统计方式扭曲人们对国际贸易格局和一国贸易发展程度的认知,造成"所见非所得"（Koopman et al.，2010；Maurer and Degain，2012）。目前，基于增加值贸易的视角对国家间贸易流量的再统计，成为当前国际组织、经济学研究人员的热点问题（Johnson and Noguera，2012；Koopman et al.，2012）。这一新趋势也影响了对贸易的二元边际问题的研究。传统贸易的扩展边际表现为出口产品种类和出口目标国的数量，集约边际表现为出口产品的规模与数量（Amiti and Freund，2008；盛斌，吕越，2014）。有别于传统贸易的二元边际，如果从全球价值链视角来看，增加值贸易的扩展边际表现为企业是否进行增加值贸易，集约边际表现为企业出口的国内增加值率。因此，从全球价值链的视角重新解读企业增加值贸易的二元边际，具有重要的理论价值。

融资约束和贸易二元边际的研究，一直是异质性贸易理论研究的热点话题（Fan et al.，2015；张杰等，2013）。随着国际分工的深化，全球价值链的各个生产环节呈现"软化"特征，即服务要素尤其是生产性服务业（金融、电信等）要素投入所占比重越来越大。在中国制造业生产链中，服务业和生产性服务业投入比重平均为13.25%和11.83%（周念利，2014），金融服务业作为生产性服务业最重要的行业之一，对制造业的生产链条产生了深远影响。当金融市场发展不完善时，企业将面临较为严峻的融资约束，这会在很大程度上影响企业在全球价值链生产分工体系中的国际化经营和投资决策（Bas and Berthou，2011；Manova and Yu，2012；吕越等，2015）。

现有研究已对融资约束与企业参与全球价值链程度以及贸易模式展开了讨论，但对融资约束与企业增加值贸易二元边际的考察仍然较少。本章将采用2000~2006年中国工业企业数据库和中国海关进出口数据库整合的微观数据，测算中国企业增加值贸易的二元边际。在此基础上，运用Heckman两阶段模型，实证研究了融资约束对企业增加值贸易二元边际的影响。该问题的研究，不仅有利于对中国全球价值链分工地位以及模式有更深入的认识，也将从金融市场化改革视角，为中国贸易增长方式转型和突破"价值链低端锁定"提供有益的思路。

第二节　文献综述

钱尼（Chaney，2005）最早将流动性约束引入梅里兹（Melitz，2003）的异质性贸易理论模型，通过对企业生产率、获取外部金融异质性与出口决定关系的研究发现，企业的融资约束与生产率都是企业异质性的来源，只有那些具有充足流动性资金的企业才可以克服进入出口市场的沉没成本。与钱尼（Chaney，2005）强调内部融资约束不同，曼诺娃（Manova，2010）将外部信贷约束引入模型，发现一国金融市场的发展能够提高企业融资的可获得性并降低融资成本，企业的金融状况越好，参与出口市场的可能性越大，而受信贷约束的企业出口的可能性较小。穆尔斯（Muûls，2008）将内外部融资约束同时引入梅里兹（Melitz，2003）模型中，发现当企业出口面临较高沉没成本时，融资约束会从扩展边际和集约边际的影响，促进该国企业的出口。此后，日渐增多的实证文献，支持融资约束与贸易理论研究的发现（Muûls，2008；Greenaway et al.，2007；Minetti and Zhu，2011）。

金融市场发展尚不够完善，四大国有银行为主的大银行体系占据主导地位，企业债券、股票、风险基金等金融市场发展严重滞后（张杰等，2015），导致企业获取充裕金融资源的途径仍然有限。日渐增多的中国经验证据，支持融资约束对企业出口存在负面影响的理论假说。李和于（Li and Yu，2009）使用2004~2007年11.8万家中国制造业企业数据考察了融资与出口的关系，发现融资约束抑制了企业出口的扩展边际和集约边际。曼诺娃等（Manova et al.，2015）利用中国海关数据发现，融资约束会限制企业的出口概率、出口额以及出口范围，特别是在金融脆弱的行业，外资企业和合资企业的出口表现要远好于民营企业。阳佳余（2012）采用中国 2000～2007 年持续经营的 3 万多家工业企业数据，考察企业融资约束对企业出口行为的影响，企业融资状况的改善不仅能提高企业出口的概率，而且，对其出口规模也有重要影响。张杰等（2013）则发现，融资约束对中国企业出口的扩展边际产生了制约作用，但是，对中国企业出口的集约边际却没有产生制约作用。

进一步研究还考察了融资约束与中间品贸易的关系。巴斯和贝尔图（Bas and Berthou，2012）首次构建了融资约束和企业中间品贸易的理论模型，资本品进口同样面临包括搜集外国市场信息、与国外供应商建立联系等沉没成本，在不完全的金融市场上，融资约束会限制企业进口资本中间品，并研究了印度制造业企业的微观数据，发现融资状况的改善会增加企业从国外进口资本中间品的可能性。随后，福切利亚（Fauceglia，2014）基于发展中国家的微观数据，研究了国家信贷市场和资本中间品贸易的关系，发现信贷市场越完善，资本中间品进口的可能性就越大。此外，曼诺娃和于（Manova and Yu，2012）研究了中国企业层面的微观贸易数据，发现虽然参与价值链环节多会带来更多的收益和增加值，但是，需要更高的事前投入成本，因而融资约束会将企业限制在低附加值的生产阶段。吕越等（2015）基于效率和融资的双重视角，考察了异质性因素对企业参与全球价值链的影响，发现融资约束会阻碍高效率企业嵌入全球价值链。虽然现有文献从融资约束视角探究了影响企业出口二元边际的成因，但从增加值贸易视角考察企业贸易行为的研究仍然较少，这为本章的研究提供了可突破的空间。

第三节 理论分析

在不变替代弹性的消费者偏好下,我们把企业生产过程中使用的中间投入品纳入分析框架,将融资约束引入微观企业的生产决策过程,分析融资约束对企业增加值贸易二元边际的影响机制。理论分析发现,融资约束提高了企业增加值贸易的临界生产率,从而抑制了企业增加值贸易的扩展边际。同时,融资约束导致国内中间投入对国外中间投入的替代效应,提高了企业的国内增加值率,促进了企业增加值贸易的集约边际。具体分析如下。

假设消费者具有不变替代弹性的效用函数,满足如下表达:

$$U = \left[\int_{i \in \Phi} q(i)^\rho di \right]^{1/\rho} \quad (5-1)$$

在式(5-1)中,Φ 表示可消费商品集合,$0 < \rho < 1$,令 $\eta = 1/(1-r) > 1$ 表示消费品之间的替代弹性,P 为消费品的价格加总,Q 为消费品数量加总,那么,消费品 i 的需求函数为:

$$q(i) = Q\left[\frac{p(i)}{P}\right]^{1-\eta} \quad (5-2)$$

企业的生产不仅需要投入资本和劳动,还需要来自上游企业的中间投入品,在凯和唐(Kee and Tang, 2016)的基础上,我们将企业的生产函数设定为包含中间投入的柯布·道格拉斯生产函数:

$$q = fK^a L^b M^g \quad (5-3)$$

K 和 L 分别表示资本和劳动,f 为希克斯中性全要素生产率,M 为中间投入,由国内中间投入(MD)和进口中间投入(MF)组成:

$$M = (M_D^{\frac{s-1}{s}} + M_F^{\frac{s-1}{s}})^{\frac{s}{s-1}} \quad (5-4)$$

因此,中间品的价格可以表示为:

$$p_M = (p_D^{1-s} + p_F^{1-s})^{\frac{1}{1-s}} \quad (5-5)$$

钱尼(Chaney, 2005)、穆尔斯(Muûls, 2008)认为,国内生产部分不会受到融资约束影响,而贸易活动面临更多的不确定性,如贸易国契约环境和更高的风险、如汇率风险等,因此,会受到融资约束影响。本章假设国内投入不受融资约束影响,涉及 GVC 的生产环节则需要进行外部融资,融资比例为 k, $0 < k < 1$, k 越小,说明企业面临的融资约束越强,融资金额为 $k(p_F M_F + f_{va})$, f_{va} 表示企业进行增加值贸易的固定成本。为了获取外部融资,企业需要将无形资产作为抵押,抵押比例为 t,抵押金额为 tf_e。此外,投资者期望企业还款的概率为 l,取决于契约环境。如果违约,投资者将获得抵押物。如果执行契约,投资者将获得 F 并退还抵押物。

当企业最大化其利润时,满足如下表达:

$$\max_{p,q,k,l,M_D,M_F,F} \pi = pq - wl - rk - p_D M_D - (1-k) p_F M_F - (1-k) f_{va} - lF - (1-l) tf_e \quad (5-6)$$

s.t. (1) $q = \Omega K^a L^b M^g$,

(2) $q(i) = Q \left[\dfrac{p(i)}{P} \right]^{1-\eta}$,

(3) $M = (M_D^{\frac{s-1}{s}} + M_F^{\frac{s-1}{s}})^{\frac{s}{s-1}}$,

(4) $lF + (1-l) tf_e > k(p_F M_F + f_{va})$,

(5) $pq - wl - rk - p_D M_D - (1-k) p_F M_F - (1-k) f_{va} > F$

其中,式(2)和式(3)为生产约束和需求约束,式(4)为投资者约束,式(5)为净利润约束。根据式(5-6)可以取得企业生产的最优决策。

基于式(5-6)可以将企业利润表示为 $p = p(f)$。当 $p(f) = 0$ 时,就可以求得进行增加值贸易的临界生产率 f_{va},只有生产率大于 f_{va} 的企业才能进行增加值贸易。将临界生产率对 k 求导,可以得到:

$$\frac{\partial \varphi_{va}}{\partial k} \propto \frac{1-\lambda}{\lambda} < 0 \qquad (5-7)$$

因此，融资约束提高了企业增加值贸易的临界生产率，从而抑制了企业增加值贸易的扩展边际。

根据凯和唐（Kee and Tang, 2016）的研究，企业出口的国内增加值率可以表示为：

$$\mathrm{DVAR} = 1 - \frac{p_F M_F}{pq} = 1 - g\left(1 - \frac{1}{h}\right)\frac{p_F M_F}{p_M M} \qquad (5-8)$$

将式（5-6）最优化的结果代入式（5-8），得到：

$$\mathrm{DVAR} \propto \frac{(1-k)p_F}{p_D} \qquad (5-9)$$

$\frac{\mathrm{DVAR}}{k} < 0$，说明融资约束提高了企业的国内增加值率，促进了企业增加值贸易的集约边际。因此，本章提出如下核心假说。

假说 5-1：融资约束对中国企业增加值贸易的扩展边际发展有抑制效应，对集约边际发展则存在促进效应。

第四节 计量模型和数据说明

一、计量模型设定

本章的研究对象为增加值贸易企业，正如大部分文献所强调的，增加值贸易企业仅仅是少部分企业，即大部分企业生产销售仅限于国内、仅出口或仅进口，如果将这部分不进行增加值贸易的企业样本直接剔除，将导致估计结果的偏误（Helpman et al., 2007；Francois and Manchin, 2013）。只有当企业增加值贸易行为随机发生时，剔除不进行增加值贸易的企业样本才可能不会导致偏差。事实上，那些受融资约束较小的企业更有可能进行增加值贸易，而那些受融资约束较大的企业可能面临较高的融资成本，因而企业的增加值贸易行为并不是随机的，而是受到了企业融资状况的影响。因此，仅选择增加值贸易企业样本并非是一个随机样本，因而会导致有偏的估计。

针对这种样本选择偏差问题，赫克曼（Heckman，1979）提出了两阶段选择模型，能够较好地解决这一问题。因此，本章采用赫克曼（Heckman，1979）的模型方法，将企业的增加值贸易模型分为两个阶段：第一个阶段为企业增加值贸易选择（扩展边际）的 Probit 模型，即企业是否选择进行增加值贸易；第二个阶段为出口的国内增加值率（集约边际）模型，进一步考察融资约束对企业出口国内增加值率的影响。具体模型为：

$$\Pr(\text{if\_va}_{ijkt} = 1) = \Phi(L.\text{if\_va}_{ijkt} + \alpha_1 \text{fin}_{ijkt} + \alpha_2 X_{ijkt} + \nu_j + \eta_k + \kappa_t + \xi_{ijkt}) \quad (5-10)$$

$$\text{DVAR}_{ijkt} = \beta_1 \text{fin}_{ijkt} + \beta_2 X_{ijkt} + \beta_3 \lambda_{ijkt} + \nu_j + \eta_k + \kappa_t + \xi_{ijkt} \quad (5-11)$$

式（5-10）为 Heckman 两阶段模型的第一阶段增加值贸易选择模型，$\Pr(\text{if\_va}_{ijkt} = 1)$ 表示企业选择增加值贸易的概率，$\Phi(\cdot)$ 为标准正态分布的分布函数。fin_{ijkt} 表示企业的融资约束水平。此外，X_{ijkt} 为控制变量集，包括全要素生产率、企业年龄、企业所处行业的市场集中度、研发强度、资本强度等指标。ν_j、η_k 和 κ_t 分别表示行业固定效应、地区固定效应和时间固定效应，ξ_{ijkt} 为随机扰动项，以缓解潜在的由于行业特性、地区发展水平、制度变迁或宏观波动等因素对核心因果关系成立的扰动。在式（5-10）中加入滞后一期是否参与 GVC 的虚拟变量（$L.\text{if\_va}_{ijkt}$），主要有以下两点考虑：一是企业上期是否参与 GVC，往往会影响企业当期参与 GVC 的决策；二是模型有效识别的考虑。Heckman 两阶段模型要求选择方程中至少有一个解释变量不出现在结果方程中,因此,我们在选择方程中加入了该虚拟变量。在式(5-11)中,下标 i、j、k 和 t 分别表示企业、行业、地区和年份。如果企业不进行增加值贸易,则 if_va = 0,如果企业进行增加值贸易,那么,if_va = 1。式(5-11)是修正的 Heckman 两阶段模型的第二阶段——企业出口的国内增加值率模型。式 5-11 中加入了 λ_{ijkt} 项(inverse mills ratio,逆米尔斯比率)用于克服样本的自选择性偏差,λ_{ijkt} 由第一阶段 Probit 模型估计得到,即 $\lambda_{ijkt} = \varphi(\cdot)/\Phi(\cdot)$,其中,$\varphi(\cdot)$ 为密度函数,$\Phi(\cdot)$ 为相应的分布函数。如果剔除 λ_{ijkt} 进行简单的最小二乘回归,那么,就可能会出现估计结果的偏差,因为被解释变量与残差项负相关。这就意味着,样本可能有一个平均值小于零的残差,因此,导致有偏估计。若在估计结果中 λ_{ijkt} 显著不为 0,则表明存在样本偏差,此时采用 Heckman 两阶段模型进行估计是有效的。

二、主要指标度量与数据说明

(一)企业增加值贸易的二元边际

我们借鉴张杰等(2013)、吕越等(2015)、阿普沃德等(Upward et al.,2013)以及凯和唐(Kee and Tang,2016)的测算方法,对胡梅尔斯等(Hummels et al.,2001)的企业增加值贸易测算进行了如下改进:(1)进一步将 HS 产品编码转换为国际经济分类标准(Broad Economic Categories,BEC)产品编码,[①]分出哪些进口产品将用作中间投入品(M),哪些应该被用作消费品(C)或资本品(K)。(2)考虑了中间贸易商(intermedi-

---

① 联合国网站提供了 BEC 产品编码和 HS 产品编码的转换表. http://unstats.un.org/unsd/cr/registry/regdnld.asp? Lg = 1.

ary firms）间接贸易的问题。由于间接贸易的存在容易低估企业进口的中间投入额，从而高估中国出口企业的 DVAR。（3）企业使用的国内原材料中，也有部分含有国外产品的份额。库普曼等（Koopman et al.，2012）认为，这一份额在 5%～10% 区间，这种现象出现的原因可能是，前述通过中间贸易商的间接进口，也可能是企业通过普通进出口企业的间接进口（张杰等，2013）；更可能的情况是，国内中间投入中包含海外附加值的成分。因此，我们采用调整后的企业附加值测算方法：

$$v'_F = \frac{V_{AF}}{X}$$

$$= \frac{\{M^p_A + X^o[M^o_{Am}/(D+X^o)]\} + 0.05\{M^T - M^p_A - [M^o_{Am}/(D+X^o)]\}}{X}$$

(5-12)

$$v'_D = \frac{V_D}{X} = \frac{1-V_F}{X} = 1 - v'_F \quad (5-13)$$

在式（5-12）和式（5-13）中，v'_F 和 v'_D 分别表示改进后的企业出口国外增加值率（FVAR）和国内增加值率（DVAR）；当 FVAR>0 时，企业出口中包含了来自国外的增加值，说明企业存在增加值贸易行为，if_va=1，否则为 0。M、X 和 D 分别表示企业的进口、出口和国内销售；上标 p、o 分别表示加工贸易或一般贸易。在具体计算过程中，企业的进口数据和出口数据来源于海关统计明细；国内销售数据来源于工业企业普查数据，由企业销售产值减去出口交货值计算得到，[①] 对于企业销售额小于出口交货值的企业，我们假定出口的国外增加值（V_F）等于加

[①] 这种处理方式和阿普沃德等（Upward et al.，2013）保持一致，会使部分企业的国内销售额和企业出口额之和与销售总产值并不相等。另一种替代的做法是，使用销售额的加工贸易出口差值代替国内销售和一般贸易出口的加总。在理论上，这两种算法应该得到相同的结果，但由于企业可能通过贸易公司间接出口，故实际数据常存在差距。即使如此，对于本章分析而言，两种计算公式得到的结论一致。

工贸易进口（M^P）加上一般贸易进口（M^o）。① M^T 表示企业中间投入额，式（5-13）相当于假定在企业国内中间投入中，有5%为海外附加值。M_A^P 和 M_{Am}^o 分别表示企业实际加工贸易进口额和企业实际一般贸易中间投入进口额，其中，对中间产品的分类方法来自 BEC 产品分类下的中间产品界定，而不包括消费品（C）和资本品（K）。要计算企业出口的实际海外增加值率和实际国内增加值率，需要在前述分析基础上对企业的加工贸易进口和一般贸易中间投入进口额进行调整。

本章利用上述测算数据绘制了 2000~2006 年增加值贸易企业数目和增加值率的变化趋势，如图 5-1 所示，增加值贸易企业数目在 2000~2006 年增加了一倍多，尤其是在加入 WTO 后有了迅速增长。此外，从总体来看，中国企业出口的 DVAR 从 2000 年的 59.8% 逐渐增到 2006 年的 72.9%，7 年之间增长了 13.1%。

（二）融资约束（fin）

由于单一指标无法反映企业融资状况的全貌，我们借鉴克利里（Cleary，1999）、米索和舒阿佛（Musso and Schiavo，2008）及阳佳余（2012）等学者的思路，采用融资约束综合指标作为企业融资状况的测度。具体来说，我们构建了综合指标来衡量企业面临的融资约束，包括企业规模、有形资产净值、销售净利率、利息支出占比、现金存量占比、资产收益率、商业信贷比率、偿债能力、清偿比率、流动性比率、流动性约束 11 个指标，分别按照从大到小排序后分段（以十个观测为一组）进行打分赋值，然后，将每个企业的每个指标的赋值进行加总（标准化处理）得到企业的融资约束综合指标，该指数越大，表明企业所受

---

① 对于计算过程中出现的国外附加值超过总出口的情况，我们将企业出口的国内附加值率设为 0，国外增加值率设为 1。

到的融资约束越严重。此外,为了保证结果的稳健性,本章还根据丁和瓜里利亚(Ding and Guariglia,2013)、张杰等(2013)和张杰(2015)测算了基于(WKS)方法的中国微观制造业企业的融资约束水平进行稳健性分析。

(三)其他控制变量

除上述核心指标外,我们对以下变量进行了控制:(1)企业全要素生产率(tfp),采用莱文森和彼得林(Levinsohn and Petrin,2003)的方法测算(简称 LP 方法)。(2)企业年龄(age),企业成立时间 = 当年年份 – 企业开业年份 + 1。(3)企业研发(rd),新产品产值占销售产值的比重。(4)行业集中度(mc),采用通常使用的赫芬达尔—赫希曼指数(Herfindahl-Hirschman Index,HHI)来测度。(5)资本强度(lnkl),采用企业固定资产净值年平均余额与企业从业人数的比值取对数来衡量资本强度。(6)企业所有制,在识别企业所有制类型时,具体的方法是以国有的实收资本比例是否超过 50%、外商的实收资本比例是否超过 25% 作为识别国有企业(state)和外资企业(fore)的方法(聂辉华等,2012)。(7)地区金融发展水平(fd),根据刘煜辉(2007)对于各省区市的金融生态环境指数,将地区金融发展水平高于均值的地区设定为 1,低于均值的地区设定为 0。

(四)数据说明

本章所使用的样本是基于中国工业企业数据库和中国海关进出口贸易数据库的合并数据。在合并时,本章参照了阿普沃德等(Upward et al.,2013)的方法,采用未剔除任何企业的原始工业企业数据与海关数据分两步进行匹配。此外,考虑到中国工业企业数据库存在指标缺失、指标异常等问题,本章在计量估计过程中对样本数据进行了筛选,并仅保留了制造业企业数据作为研究样本。

第五节 实证结果与分析

一、基准回归结果

表 5-1 报告了 Heckman 两阶段模型的估计结果。在表 5-1 中,方程(1)报告了 Heckman 第一阶段的估计结果,因变量为企业是否进行增加值贸易。与单纯的出口行为不同,增加值贸易既有出口固定成本还面临进口固定成本,因此,我们采用了是否进行增加值贸易的滞后一期状态对上述机制进行控制。[①] 估计结果显示,融资约束会限制企业进行增加值贸易,即融资约束对企业增加值贸易的扩展边际产生了制约作用。是否开展增加值贸易虚拟变量的滞后一期项的估计系数显著为正,表明对企业参与全球价值链固定成本的考察有其必要性,同时,表明在控制了固定成本后,本章的核心结论显著成立。方程(2)报告了 Heckman 第二阶段的估计结果,可以看出,结果方程中逆米尔斯比率(invmillsss)在 1% 的显著性水平上为正,表明存在样本选择偏差,应当采用 Heckman 模型。同时,融资约束对企业出口的国内增加值率的影响显著为正,说明融资约束会促进企业出口国内

[①] 目前,关于出口固定成本的分析主要有两种方法:一种以出口的滞后一期作为代理变量(赵伟等,2011;孔祥贞等,2013);另一种通过海关数据和工企数据整合后测算固定成本(Castro et al., 2012;邱斌和闫志俊,2015)。本章研究的主题是增加值贸易,故涉及的企业国际化固定成本,不仅包含出口固定成本,而且涵盖进口的固定成本。但目前的海关数据库并没有增加值贸易或者价值链贸易的成本数据,导致采用卡斯特罗等(Castro et al., 2012)及邱斌和闫志俊(2015)提供的固定成本测算方法时陷入困境。因此,本章采用第一种方法,即以企业是否开展增加值贸易的滞后一期状态,作为增加值贸易固定成本的代理变量。

增加值率的提升，融资约束对企业增加值贸易的集约边际产生的是促进作用，与理论假说一致。本章的结论为中国企业出口DVAR上升提供了金融视角的解释。根据图5-1以及库普曼等（Koopman et al.，2012）、凯和唐（Kee and Tang，2016）的研究，中国企业出口的DVAR在样本期2000~2006年处于持续上升，这主要是由于中国企业面临严峻的融资约束，而进口来源于发达国家的资本密集型中间投入产品往往需要提前垫付大量的前期投入（Bas and Berthou，2012），导致在选购中间投入时企业倾向于采用国内投入来替代国外高质量、高技术的中间投入，虽然表现为企业出口DVAR的上升，但是从长远来说，并不利于企业产品质量的升级。

为了防止变量可能存在的测量误差导致的非一致性估计，本章从以下角度进行稳健性检验：运用张杰等（2013）方法计算得到的出口国内增加值率作为替代指标；根据丁和瓜里利亚（Ding and Guariglia，2013）及张杰（2015）测算的WKS指标作为融资约束的代理变量以及将地区金融发展水平（fd）作为企业融资约束的代理变量进行稳健性检验，结果分别列于表5-1的第（3）列~第（8）列，上述研究发现与本章主要结论一致。

二、内生性问题分析

由于企业增加值贸易会通过信号机制（Campa and Shaver，2002）、多样性保险机制（Campa and Shaver，2002）以及外汇收益机制（Tornell and Westermann，2003）等影响企业的融资约束水平，导致估计结果可能出现非一致的问题。为此，我们采用融资约束的滞后一期和滞后两期为工具变量，分别运用IVprobit和2SLS回归方法对选择方程和结果方程进行估计。表5-2中的第

表5-1 基准回归结果

变量	(1)	(2)	(3)	(4)	(5)	(6)	(7)	(8)
L.if_va	2.685*** (394.54)		2.642*** (396.06)		2.688*** (396.47)		2.648*** (386.87)	
fin	-0.013*** (-4.59)	0.003* (1.92)	-0.012*** (-4.28)	0.004*** (2.79)				
fin_WKS						0.170*** (-3.25)		
fd					-0.456*** (2.59)			-0.428*** (-3.75)
lnkl	0.072*** (27.77)	-0.036*** (-31.18)	0.071*** (27.91)	-0.040*** (-35.00)	0.072*** (28.11)	-0.036*** (-31.40)	1.328*** (6.49)	-0.045*** (-40.44)
rd	0.123*** (7.39)	0.069*** (9.34)	0.143*** (8.83)	0.050*** (7.02)	0.123*** (7.40)	0.069*** (9.40)	0.075*** (29.04)	0.026*** (3.67)
tfp	0.125*** (38.95)	-0.002 (-1.46)	0.127*** (40.52)	-0.006*** (-4.47)	0.128*** (41.63)	-0.002* (-1.86)	0.144*** (8.62)	-0.008*** (-5.90)
age	-0.007*** (-18.55)	0.002*** (9.52)	-0.007*** (-19.12)	0.001*** (6.01)	-0.007*** (-19.11)	0.002*** (9.64)	0.131*** (42.16)	0.002*** (13.09)
mc	2.098 (0.94)	-7.047*** (-7.33)	1.289 (0.57)	-7.102*** (-7.36)	1.771 (0.79)	-6.948*** (-7.25)	-0.006*** (-17.26)	-5.768*** (-6.24)
invmillsss		0.059*** (32.12)		0.057*** (30.99)		0.059*** (32.25)	0.982 (0.44)	0.044*** (24.14)
常数项	-4.737*** (-72.40)	1.201*** (41.07)	-4.719*** (-73.59)	1.325*** (45.64)	-4.841*** (-82.07)	1.219*** (46.24)	-5.814*** (-38.94)	1.695*** (20.77)
样本量	675 665	74 691	615 581	74 148	617 021	72 191	626 232	72 301
R²		0.118		0.136		0.136		0.198

注：①括号内数值为 t 统计量。②括号内数值为稳健标准误。***、**、* 分别表示参数的估计值在1%、5%、10%的水平上显著。③以下回归均控制了行业、年份和地区固定效应。
数据来源：笔者根据中国工业企业数据库和中国海关进出口数据库的相关数据，运用 Stata 软件绘制而得。

（1）列为选择方程 IVprobit 模型的估计结果，Wald 检验值为 18.77，在1%的水平上拒绝了原假设，说明工具变量选择合理。同时可以发现，融资约束对企业开展增加值贸易的影响显著为负，系数较之前有了较大提高。表5-2中的第（2）列为结果方程两阶段最小二乘法的估计结果，该估计结果通过了 Anderson LM 统计量、Cragg-Donald Wald F 统计量以及 Sargan 统计量对工具变量有效性的检验，即表明本章选取的工具变量是合理的。估计结果显示，融资约束对出口国内增加值率的影响依然显著为正，这一结果进一步验证了本章的结论。同时，我们还借鉴费斯曼和斯文森（Fisman and Svensson，2007）提出的构造分组平均值作为工具变量的思路，使用省区市—年份的融资约束均值作为工具变量进行估计，估计结果见表5-2的第（3）列和第（4）列，可以发现，融资约束变量对增加值贸易的影响与前文一致。此外，我们还采用了 IVREG2H 估计方法进行再估计，该方法主要采用 Lewbel 方法基于内生变量本身构造工具变量，从而可以解决在缺失传统的识别条件，比如，合适的工具变量或者准确的变量测度方法时的内生性问题。具体的估计结果，见表5-2中的第（5）列和第（6）列，主要结论依然稳健。此外，我们还将所有控制变量取滞后一期来处理控制变量的内生性，回归结果见表5-2的第（7）列和第（8）列，本章的核心结果仍然显著成立。

三、扩展分析

（一）基于企业所有制的分析

不同的所有制企业在参与市场竞争时所享受的政策支持、面临的行业壁垒和获取金融资源的能力各不相同（姚洋和章奇，2001）。同时，金融机构存在针对不同所有制企业信贷政策偏好

表 5-2　内生性问题分析

变量	(1)	(2)	(3)	(4)	(5)	(6)	(7)	(8)
L.if_va	2.668*** (319.23)		2.682*** (361.85)		0.771*** (416.39)		2.508*** (357.76)	
fin	-0.028*** (-5.64)	0.027*** (16.00)	-0.040** (-2.02)	0.165*** (15.35)	-0.001** (-2.55)	0.025*** (14.76)	-0.012*** (-4.08)	0.003** (2.54)
lnkl	0.062*** (18.57)	-0.045*** (-41.42)	0.070*** (24.49)	-0.039*** (-35.46)	0.005*** (16.92)	-0.046*** (-40.29)	0.080*** (30.56)	-0.041*** (-34.67)
rd	0.130*** (6.43)	0.080*** (12.32)	0.124*** (7.43)	0.047*** (8.56)	0.010*** (3.97)	0.079*** (12.03)	0.148*** (8.49)	0.047*** (6.00)
tfp	0.119*** (28.53)	-0.028*** (-20.60)	0.116*** (16.53)	0.024*** (6.93)	0.010*** (26.18)	-0.028*** (-19.44)	0.117*** (35.60)	-0.003* (-1.94)
age	-0.007*** (-14.70)	0.001*** (6.43)	-0.006*** (-14.61)	0.001*** (5.53)	-0.000*** (-14.41)	0.001*** (7.22)	-0.007*** (-20.00)	0.002*** (10.94)
mc	0.152 (0.05)	-10.131*** (-9.88)	3.200 (1.35)	-18.153*** (-18.24)	0.155 (0.47)	-13.066*** (-10.09)	4.765** (2.42)	-4.869*** (-5.65)

续表

变量	(1)	(2)	(3)	(4)	(5)	(6)	(7)	(8)
rvmillsss								0.052*** (26.54)
常数项	0.432 (0.18)	2.717*** (3.71)	−0.579 (−0.38)	0.632 (1.50)	0.517** (1.96)	2.600*** (3.64)	−4.713*** (−70.75)	1.309*** (42.74)
Anderson canon. corr. LM 统计量		4.1e+04 [0.000 0]		12 22.579 [0.000 0]	1.1e+05 [0.000 0]	2.3e+04 [0.000 0]		
Cragg-Donald Wald F 统计量		4.3e+04 {19.93}		1 232.395 {16.38}	2.3e+05 {19.93}	4.3e+04 {19.93}		
Sargan 统计量		1.446 [0.229 1]			2.981 [0.084 2]	1.398 [0.237 1]		
wald test	18.77		1.83					
样本量	396 500	79 478	615 489	148 138	372 101	78 119	525 711	65 092
R^2		0.128		−0.013	0.623	0.152		0.137

注：①括号内数值为纠正了异方差后的 z 统计量，[ ] 内数值为相应统计量的 P 值，{ } 内为 Stock-Yogo 检验 10% 水平上的临界值。②***、**、* 分别表示参数的估计值在 1%、5%、10% 的水平上显著。③Wald 检验是对 IVprobit 模型选取的工具变量是否外生的检验。④Anderson canon. corr. LM 统计量用来检验工具变量是否为弱识别，若拒绝零假设则说明选取的工具变量与内生变量的相关性；Cragg-Donald Wald F 统计量用来检验工具变量是否合理，若拒绝零假设则说明选取的工具变量合理；Sargan 统计量用来检验工具变量是否合理，若接受零假设则说明选取的工具变量合理。
数据来源：笔者根据中国工业企业数据库和中国海关进出口数据库的相关数据，运用 Stata 软件绘制而得。

的差别，民营企业无论在债务融资方面还是权益融资方面，都受到更多的体制性歧视（韩剑和王静，2013）。这会对企业增加值贸易的行为产生影响，因此，本章分析了不同所有制下融资约束对企业增加值贸易的二元边际的影响。表5-3中的第（1）列和第（2）列的回归结果显示，融资约束对民营企业、国有企业（fin×soe）、外资企业（fin×foe）增加值贸易概率的综合影响系数，分别为-0.067、-0.051和0.079，且均显著。这说明，融资约束会限制民营企业增加值贸易、国有企业增加值贸易的扩展边际，且对民营企业的限制作用强于国有企业，对外资企业反而产生了促进作用。此外，融资约束对民营企业国内增加值率、国有企业国内增加值率、外资企业国内增加值率的影响系数分别为0.024、0.018、-0.01，即融资约束水平提高一个标准差，民营企业国内增加值率、国有企业国内增加值率、外资企业出口国内增加值率将分别提高2.7%、2.0%和降低1.1%。融资约束会促进民营企业的集约边际、国有企业的集约边际，对外资企业则产生了抑制作用。对于外资企业而言，一方面，由于政府的政策偏好以及信息激励机制的存在（张杰等，2013），融资约束会使外资企业由国内生产销售转向增加值贸易；另一方面，当面临融资约束时，外资企业会借助发达国家母公司进口更多的中间品来替代国内中间投入，因而降低了企业出口的国内增加值率。

（二）基于要素密集度的分析

在国际分工体系中，技术含量高的工序和附加值高的部件一般由资本、技术丰裕的企业来完成，而劳动力丰裕的企业大多承担价值链低端的初级零部件生产，或者依靠部件进口、承担最后的加工装配工序，导致不同要素密集型行业对金融资本的依赖程度不同，因而融资约束也会对其产生不同的影响（Manova and

Yu，2012)。本章根据周念利(2014)对不同要素密集度企业进行了分类，通过表5-3中的第(3)列和第(4)列的回归结果可以发现，融资约束与劳动密集型虚拟变量交叉项(la×fin)在选择方程中不显著，在结果方程中显著为负。这说明，融资约束不会影响劳动密集型企业增加值贸易的扩展边际，但是会抑制其集约边际。增加值贸易的劳动密集型企业大多为外资加工贸易型企业，[①] 由于各级地方政府积极采取优惠政策吸引外资，如实施进口原材料不征收关税、出口成品不征收关税与增值税的"双重"税收优惠等，抵消了融资约束带来的抑制效应。但是，外资加工贸易企业"两头在外"，融资约束会使企业增加对国外中间品的投入，因而对企业增加值贸易的扩展边际产生了负向作用。表5-3的第(5)列~第(8)列的结果显示，融资约束与资本密集型交叉项(ca×fin)、技术密集型企业虚拟变量交叉项(la×fin)系数在选择方程中显著为负，在结果方程中显著为正。这说明，融资约束降低了资本密集型企业、技术密集型企业增加值贸易的扩展边际，但是促进了集约边际。这与本章结论相符，资本密集型行业、技术密集型行业属于高度资本依赖型行业，需要大量进口来自国外的高质量中间投入品，融资约束一方面，会限制企业进行增加值贸易；另一方面，企业增加对国内中间品的投入，因而提高了企业出口的国内增加值率。

(三) 基于行业融资依赖度的分析

拉詹和津加莱斯(Rajan and Zingales, 1998)发现，金融发展程度的国家在外源融资依赖度高的行业更具有比较优势，因此，我们预期融资约束对外源融资依赖度高的行业增加值贸易的

[①] 本章样本中，外资加工贸易型企业占劳动密集型增加值贸易企业的59%。

表 5-3 基于企业所有制和要素密集度的回归结果

变量	(1)	(2)	(3)	(4)	(5)	(6)	(7)	(8)
L.if_va	2.421*** (335.43)		2.685*** (394.52)		2.684*** (394.47)		2.685*** (394.51)	
fin	-0.067*** (-21.52)	0.024*** (17.09)	-0.013*** (-3.98)	0.004*** (2.87)	-0.006* (-1.85)	0.001 (0.67)	-0.009*** (-2.61)	-0.002 (-1.43)
fin×soe	0.016*** (5.15)	-0.006*** (-3.36)						
fin×foe	0.146*** (99.05)	-0.034*** (-41.59)						
fin×la			-0.005 (-0.66)	-0.011*** (-3.07)				
fin×ca					-0.026*** (-4.16)	0.006** (2.21)		
fin×te							-0.020*** (-3.06)	0.019*** (6.62)
lnkl	0.050*** (18.89)	-0.035*** (-31.15)	0.072*** (27.78)	-0.035*** (-30.62)	0.072*** (27.74)	-0.036*** (-31.16)	0.072*** (27.69)	-0.036*** (-31.08)

续表

变量	(1)	(2)	(3)	(4)	(5)	(6)	(7)	(8)
tfp	0.124*** (37.69)	-0.009*** (-6.88)	0.125*** (38.96)	-0.002 (-1.41)	0.125*** (38.93)	-0.002 (-1.41)	0.124*** (38.87)	-0.002 (-1.28)
age	-0.000 (-1.15)	-0.000 (-0.98)	-0.007*** (-18.54)	0.002*** (9.53)	-0.007*** (-18.47)	0.002*** (9.46)	-0.007*** (-18.55)	0.002*** (9.50)
rd	0.211*** (12.75)	0.033*** (4.56)	0.123*** (7.39)	0.069*** (9.33)	0.123*** (7.35)	0.069*** (9.36)	0.123*** (7.38)	0.068*** (9.26)
mc	2.272 (1.00)	-6.453*** (-6.83)	2.088 (0.93)	-7.053*** (-7.34)	2.135 (0.96)	-7.056*** (-7.34)	2.214 (0.99)	-7.190*** (-7.48)
invmillsss		0.040*** (19.30)		0.059*** (32.15)		0.059*** (32.08)		0.059*** (32.12)
常数项	-4.422*** (-65.89)	1.356*** (46.77)	-4.717*** (-65.87)	1.246*** (37.98)	-4.769*** (-72.38)	1.207*** (41.08)	-4.753*** (-72.42)	1.218*** (41.50)
样本量 R²	615 581	71 694 0.164	615 581	71 694 0.136	615 581	71 694 0.136	615 581	71 694 0.136

注：①括号内数值为 t 统计量。②***、**、* 分别表示参数的估计值在 1%、5%、10% 的水平上显著。③以下回归均控制了行业、年份和地区固定效应。

数据来源：笔者根据中国工业企业数据库和中国海关进出口数据库的相关数据，运用 Stata 软件绘制而得。

影响更显著。为了验证该假说，借鉴拉詹和津加莱斯（Rajan and Zingales，1998）和阳佳余（2012），定义两类融资依赖度的虚拟变量：（1）高融资依赖度行业虚拟变量（hr）。高融资依赖度行业主要包括医药制造业（27）（二分位行业代码，下同）、橡胶和塑料制品业（29）、计算机、通信和其他电子设备制造业（39）以及文教、工美、体育和娱乐用品制造业（24），如果企业属于这些行业则赋值为1，不属于则赋值为0。（2）融资依赖度低的行业虚拟变量（lr）。融资依赖度低的行业主要包括烟草制品业（16）、皮革、毛皮、羽毛及其制品和制鞋业（19）以及非金属矿物制品业（30），如果企业属于这些行业则赋值为1，不属于则赋值为0。考虑行业融资依赖度对增加值贸易影响的估计结果列于表5－4，可以发现融资约束与高融资依赖度虚拟变量的交叉项（fin×highlevel）在选择方程中为负，融资约束与低融资依赖度虚拟变量的交叉项（fin×lowlevel）符号则为正，综合影响系数分别为－0.033、0.023，结果方程中交叉项系数符号则相反，综合影响系数分别为0.017、－0.002，但不显著，融资约束对高融资依赖度行业的影响更显著，对低外源融资依赖度行业的影响则刚好相反。

表5－4　行业融资依赖度、融资约束与企业增加值贸易

变量	（1）	（2）	（3）	（4）
L. if_va	2.685 *** (394.53)		2.685 *** (394.49)	
fin	－0.011 *** (－3.65)	0.001 (0.54)	－0.018 *** (－5.83)	0.003 ** (2.26)
fin×hr	－0.022 ** (－2.36)	0.016 *** (4.07)		
fin×lr			0.041 *** (4.63)	－0.005 (－1.31)
tfp	0.125 *** (38.95)	－0.002 (－1.48)	0.125 *** (38.93)	－0.002 (－1.45)

续表

变量	(1)	(2)	(3)	(4)
lnkl	0.072*** (27.75)	-0.036*** (-31.13)	0.072*** (27.74)	-0.036*** (-31.16)
age	-0.007*** (-18.54)	0.002*** (9.48)	-0.007*** (-18.49)	0.002*** (9.50)
rd	0.123*** (7.39)	0.069*** (9.31)	0.123*** (7.36)	0.069*** (9.35)
mc	2.072 (0.93)	-6.990*** (-7.27)	2.199 (0.98)	-7.059*** (-7.34)
invmillsss		0.059*** (32.14)		0.059*** (32.10)
常数项	-4.746*** (-72.40)	1.208*** (41.25)	-4.713*** (-71.82)	1.197*** (40.79)
样本量 R^2	615 581	71 694 0.136	615 581	71 694 0.136

注：①括号内数值为 t 统计量；② ***、**、* 分别表示参数的估计值在 1%、5%、10% 的水平上显著；③以下回归均控制了行业、年份和地区固定效应。

数据来源：笔者根据中国工业企业数据库和中国海关进出口数据库的相关数据，运用 Stata 软件绘制而得。

第六节 结论

本章采用 2000~2006 年中国工业企业数据库和中国海关进出口数据库整合的微观数据，从企业微观层面考察了融资约束对中国企业增加值贸易的二元边际的影响，并分别考察了融资约束对不同所有制企业、不同要素密集度企业和不同融资依赖度企业的增加值贸易二元边际的异质性影响。结论是：第一，融资约束对中国企业增加值贸易的扩展边际产生制约作用，对增加值贸易的集约边际则产生促进作用。第二，融资约束会限制民营企业、国有企业增加值贸易的扩展边际，且对民营企业的限制作用强于国有企业，对外资企业反而产生促进作用。此外，融资约束会促进民营企业、国有企业的集约边际,对外资企业产生抑制作用。从要素密集度的视角发现,融资约束不会影响劳动密集型企业增加值贸易的扩展边际,会抑制其集约边际;但融资约束对资本密集型企业、技术密集型企业增加值贸易的扩展边际产生抑制作用,对集约边际则产生促进作用。第三,融资约束对高融资依赖度行业的影响更显著,对低外源融资依赖度行业的影响则相反。

基于以上研究结论,本章认为,一方面,应促使银行等金融机构为企业增加值贸易构建多渠道的融资平台,为企业参与国际化分工提供融资便利,促进企业向全球价值链上游升级;另一方面,推进金融市场改革,提高金融系统运行效率。

第六章

融资约束与中国制造业转型升级

第一节 引言

2008年国际金融危机爆发以来,中国制造业的转型升级因为全球经济的萎靡遭受了巨大压力。长期支撑中国经济快速增长的传统力量逐渐减弱,要寻求新的增长动力。面对国际经济局势的深度调整,《中国制造 2025》应运而出,成为引领中国经济增长方式转型升级的旗帜。目前,中国金融市场不完善的问题,仍然普遍存在。世界银行投资环境调查数据显示,在 80 个样本国家中,中国受到的融资约束最大(Claessens and Tzioumis, 2006)。《中共中央关于制定国民经济和社会发展第十三个五年规划的建议》明确要求,加速金融体制改革,提高金融服务实体的经济效率,并提出提高中国产业在全球价值链中地位的战略目标。[1] 因此,从金融发展的视角研究如何实现中国制造业企业的价值链跃升,具有重要的理论意义和现实意义。

《中国制造 2025》是中国实施制造强国战略的第一个十年的行动纲领。该战略提出"创新驱动、质量为先、绿色发展、结构

---

[1] 新华社.《中共中央关于制定国民经济和社会发展第十三个五年规划的建议》[EB/OL]. http://cpc.people.com.cn/n/2015/1103/c399243-27772351.html.

优化、人才为本"①的基本方针，以及提高国家制造业创新能力、推进信息化与工业化深度融合、强化工业基础能力、加强质量品牌建设、全面推行绿色制造、推动重点领域突破发展、深入推进制造业结构调整、积极发展服务型制造和生产性服务业、提高制造业国际化发展水平等重点工作任务，并提出将为相关产业提供八大支撑和保障。同时，《中国制造2025》还以"创新能力、质量效益、两化融合和绿色发展"等方面的相关内容作为对企业的评价指标，综合评价了中国制造业企业转型升级的结果。

基于此，本章将结合《中国制造2025》所涉及的四项指标，分别从制造业企业全要素生产率、研发创新能力、出口竞争力以及价值链嵌入度四个角度，探讨金融发展对制造业价值链跃升的影响，探寻金融如何更好地服务实体经济，尤其是支持中国制造业转型升级的可行路径。本章的创新之处在于：第一，从多维度考察金融发展与企业价值链的关系，通过结合《中国制造2025》的相关评价体系，创新性地实证研究了金融发展助力制造业产业升级的问题。第二，采用高度细化的微观企业层面指标中国工业企业数据库和中国海关数据库，从微观层面实证分析了金融发展对实体经济的影响，尤其是较为新颖地把企业层面的价值链嵌入指标作为产业升级的评价标准。

第二节 金融发展与制造业升级的研究现状

很多中外文经验研究文献为金融发展与企业进出口问题提供了事实证据。钱尼（Chaney，2005）最早将流动性约束（liquidity constraints）纳入梅里兹（Melitz，2003）的异质性企业模型，

---

① 国务院.《中国制造2025》[EB/OL]. http://www.gov.cn/zhuanti/2016/MadeinChina2052-plan/index.htm.

认为异质性的产生除由于生产率不同外，还包括企业面临的融资约束；同时指出，企业在开展国际业务时，受到的融资约束越少，资金流动性越高，越容易解决进入出口市场的沉没成本问题，从而更容易实现出口。与钱尼（Chaney，2005）关注内部融资不同，曼诺娃（Manova，2008）假定企业主要通过外部方式进行融资，并指出金融摩擦会与效率因素产生重要的交互作用，而融资约束会使企业的出口倾向降低。随着上述企业层面实证研究的不断深入，金融异质性对贸易行为的影响研究也有了经验层面的支持。格林纳韦等（Greenaway et al.，2007）、穆尔斯（Muûls，2008）、曼诺娃等（Manova et al.，2011）、米内蒂和朱（Minetti and Zhu，2011）以及阿米提和韦恩斯坦（Amiti and Weinstein，2009）等，分别对英国、比利时、中国、意大利和日本等国的企业进行研究，得到相似的结论，即融资约束会影响企业出口产品范围、出口目的地数量以及国外销售额水平等。

不同的中文文献采用不同时间段、不同样本量、不同企业类型的数据进行的研究，均验证了融资约束是影响中国企业出口行为的重要原因。孙灵燕和李荣林（2011）对世界银行投资环境调查中的1444家中国企业的数据进行分析，发现融资约束是限制企业出口行为的重要因素。阳佳余（2012）以中国2000~2007年3万多家持续经营的企业为研究对象，考察企业融资约束对企业出口行为的影响，发现企业融资状况的改善会影响其出口率和出口规模。张杰等（2013）则运用中国2001~2007年工业企业数据库中的相关数据，对融资约束与出口的二元边际问题进行了研究，发现融资约束对中国企业出口的扩展边际具有制约作用，但对中国企业出口的集约边际则具有促进作用。

在经济全球化进程中，中国一度凭借廉价劳动力的成本优势，作为"世界工厂"深度参与全球价值链分工合作。在企业通过加工贸易、外包等方式积极参与国际分工时，良好的金融环境与金融市场支撑中国制造业企业更好地"走出去"。因此，在新型生产方式和贸易模式下，从全球价值链视角研究金融发展，对价值链参与程度的影响非常重要。已有众多学者从金融发展水平差异角度出发，认为金融发展水平对企业参与国际生产分工的模式具有重要的影响。这是因为金融发展水平越高，融资条件越宽松，越有利于增加企业参与垂直专业化分工的能力。吕朝凤和朱丹丹（2016）指出，金融发展水平的提高将促使企业更多选择垂直化的生产模式。杨光等（2015）发现，金融发展水平的提升将显著促进企业自身对投入品进口的需求，进而将增加企业对于价值链的依赖程度。陆建明等（2011）认为，即使在仅存在金融发展水平差异的国家之间，也会形成国际垂直分工的差距：金融发展程度较高的国家，能为参与分工的企业提供更多融资支持，因而其企业在产品研发创新环节更具竞争力。吕越等（2016）从融资约束视角进一步探讨中国制造业如何在全球价值链中实现跃升的问题。笔者通过对2001~2011年数据的实证分析发现，融资约束是中国产业在全球价值链中嵌入度的决定因素：当融资约束较少时，可以带动产业在全球价值链中地位的升级；而如果融资约束较大，则会引致产业向价值链低端偏移。

第三节 理论机制与实证分析

已有文献对融资约束与贸易竞争力、价值链参与程度两方面的问题也有研究，并分析了融资约束与制造业的价值链攀升之间的关系。在微观企业层面，融资约束制约着金融市场的发展水平。具体到中国，制造业企业面临的最主要的问题便是融资约束，并已构成制约经济转型、升级的主要"瓶颈"。基于此，本章将结合《中国制造2025》的评价体系提炼的四项指标——从制造业企业全要素生产率、研发创新能力、出口竞争力以及价值链嵌入度四个角度，全面评析金融发展对其的影响并提供翔实的经验证据。参照汉弗莱和施密茨（Humphrey and Schmitz, 2000）的研究，提出了四种升级模式：工艺流程升级（process upgrading），通过对生产体系进行重组或采用更优良的技术提高投入产出率；产品升级（product upgrading），引进更先进的生产线，比对手更快地推出新产品或改进老产品；功能升级（functional upgrading），获取新功能或放弃现存功能，如从生产环节向设计、营销等利润丰厚的环节跨越；跨产业升级（inter-sector upgrading），凭借在一条价值链上获得的知识跨越到另一条价值量更高的价值链上。大部分文献确实假定这样一个升级轨迹（Gereffi, 1999; Lee and Chen, 2000）：它是一个开始于流程升级的过程，然后是产品升级，再到功能升级，最后是价值链升级。我们认为，本章选取的四个指标可以在很大程度上分别体现出产业升级的四个层次，生产率提高可以体现工艺流程升级程度、出口竞争力提高是产品升级和国际化水平提升的体现、创新能力是获取功能升级中新技术发展的直接反映、价值链参与程度的提高则在很大程度上体现了企业在价值链中跨产业升级的能力。

  本章将以企业的全要素生产率为被解释变量，以融资约束作为核心解释变量。在现有文献中，我们参考了海瑞科特和庞塞特（Hricourt and Poncet, 2009）以及罗长远和陈琳（2012）等的研究，选择资产负债率（asset-debt）变量作为融资约束的代理变量，以债务总额占资产总额的比例表示。选择该指标，是因为资产负债率能够有效地体现企业的经营状况以及企业的净资产水平。如果企业的债务包袱过重，偿债能力将显著下降，从而会降低企业从金融机构获得贷款融资的能力。为了保证研究结果的稳健性，下文中还将以不同的融资约束代理作为替代变量，对模型进行稳健性检验。参考以往的文献，我们选择如下变量：

(1) 流动比率（cash）=（流动资产－流动负债）/总资产（Greenaway et al., 2007）；(2) 杠杆率（BLF）=流动负债/流动资产（Pushner, 1995）；(3) 存货占比（Mec_sale）=存货/销售额（Manova and Yu, 2012；吕越等，2015）。

其他控制变量包括：(1) 企业年龄（age）。根据企业年龄将企业划分为4个类型：1~2年的企业（age1~2）、2~5年的企业（age2~5）、5~10年的企业（age5~10）以及10年以上企业（age>10），分别设定虚拟变量，以1~2年的企业作为基准。(2) 企业规模（scale）。根据企业销售额进行区分，按销售额小于3000万元、3000万~3亿元以及3亿元以上，分为小型（small）企业、中型（middle）企业和大型（large）企业，以小型企业作为基准。(3) 企业资本密集度（lnK/L），用固定资产净值年平均余额与企业年平均职工人数的比值的对数表示。(4) 企业出口密集度（export intensity），用企业出口额与企业总产出的比值来表示。(5) 企业的国有资本份额（s_state）。(6) 企业的外资资本份额（s_foreign）。(7) 市场集中度（lnhhi），用赫芬达尔—赫希曼指数的对数形式表示。(8) 市场规模（lny），用企业所在行业总产值的对数形式表示。

一、融资约束与制造业效率提升

融资约束是国内企业，尤其是国内中小企业面临的一个普遍问题，对企业效率的提高存在巨大影响。多数研究认为，随着企业的融资约束得到放开，外部融资可获得性增加将对提高企业生产效率产生有利的影响。加蒂和洛夫（Gatti and Love, 2008）以比利时的企业数据为研究对象，考察了信贷可得性对企业全要素生产率的影响关系。研究表明，信贷可得性对企业全要素生产率有显著的正向影响。尼克尔等（Nickell et al., 1996）对英国、斯基安塔雷利和塞姆贝内利（Schiantarelli and Sembenelli，1997）对英国、意大利的研究，也得到类似结论。

我们选择融资约束作为核心变量，考察其对企业效率的影响，具体数据的统计性描述，见表6-1。以资产负债率为融资约束代理的回归结果显示，企业的全要素生产率与融资约束呈显著负相关。具体来看：表6-2的第（1）列为仅包含以资产负债率作为解释变量的回归结果，估计结果在1%的显著性水平稳健显著且为负；第（2）列进一步加入企业层面的相关控制变量；第（3）列在第（2）列的基础上，进一步加入行业相关控制变量，结果均显示，企业的全要素生产率随着资产负债率的上升而下降；第（4）列进一步将行业、地域以及年份固定效应加入模型中，模型的结果依旧十分稳健；第（5）列为了避免内生性对回归结果的影响，采用核心变量滞后一期作为工具变量进行回归分析。从检验结果看，模型采用内生性回归后，结论依然显著稳健，说明融资约束确实会导致企业的全要素生产率下降。基本回归结果，见表6-2。

表6-1　　　　　核心解释变量的统计性描述

变量名	观测数	平均值	标准差	最小值	最大值
资产负债率	1 505 770	0.582	0.280	0.015	1.619
流动比率	1 505 770	0.060	0.302	-0.972	0.819
杠杆率	1 505 770	1.066	0.947	0.023	8.047
存贷比	1 505 770	0.177	0.244	0	1.756

资料来源：笔者根据《中国工业企业数据库》和《中国海关进出口贸易数据库》中的相关数据，采用Stata软件，整理而得。

表6-2　　企业全要素生产率与融资约束的基本回归结果

变量	(1)	(2)	(3)	(4)	(5)
asset_debt	-0.198 0*** (-37.721)	-0.203 3*** (-48.202)	-0.193 2*** (-46.155)	-0.195 7*** (-48.930)	-0.220 8*** (-48.468)

续表

变量	(1)	(2)	(3)	(4)	(5)
age 2~5		0.1189*** (40.540)	0.1165*** (40.020)	0.1122*** (39.343)	0.0066 (1.379)
age 5~10		0.1427*** (43.522)	0.132 2*** (40.739)	0.117 3*** (37.095)	-0.003 1 (-0.657)
age >10		0.1562*** (42.718)	0.1405*** (38.861)	0.1026*** (29.430)	-0.0195*** (-4.105)
middle		1.1912*** (450.427)	1.2146*** (456.820)	1.2141*** (476.108)	1.1684*** (598.779)
large		2.6033*** (243.073)	2.6651*** (246.759)	2.7027*** (264.226)	2.6534*** (458.739)
s_state		0.0029 (0.387)	-0.0347*** (-4.623)	-0.0698*** (-9.835)	-0.0758*** (-14.023)
s_foreign		-0.0677*** (-16.102)	-0.0705*** (-17.061)	-0.0473*** (-11.366)	-0.0402*** (-12.459)
lnK/L		-0.0613*** (-63.907)	-0.0580*** (-60.907)	-0.0703*** (-74.703)	-0.0591*** (-71.739)
export intensity		-0.0435*** (-10.917)	-0.0542*** (-13.934)	-0.0266*** (-6.590)	-0.0264*** (-8.262)
lnhhi			-1.1742 (-0.606)	-0.3950 (-0.216)	-0.4354 (-0.457)
lny			-0.0791*** (-75.276)	-0.0242*** (-14.823)	-0.0228*** (-19.947)
Constant	6.1521*** (1 721.261)	5.7558*** (1 135.833)	7.1549*** (369.851)	6.1772*** (202.714)	6.1792*** (261.534)
Observations	1 499 693	1 499 693	1 499 693	1 499 693	1 022 484
R-squared	0.002	0.339	0.347	0.390	0.406
FE	NO	NO	NO	YES	YES
K-P 检验					289 872 [0.000 0]

续表

变量	(1)	(2)	(3)	(4)	(5)
DWH 检验					3.709 2 [0.054 1]

注：括号内数值为稳健标准误，***、**、* 分别表示参数的估计值在 1%、5%、10% 的水平上显著。

资料来源：笔者根据《中国工业企业数据库》和《中国海关进出口贸易数据库》中的相关数据，采用 Stata 软件，整理而得。

表 6-3 以流动比率、杠杆率和存贷比率作为融资约束代理，对模型的稳健性进行了检验。我们发现，回归结果均稳健且显著。从结果看，融资约束与全要素生产率均呈显著负相关，表明融资约束对企业的限制作用越强烈，企业全要素生产率受到的限制就越大。

表 6-3 企业全要素生产率与融资约束其他代理变量的回归结果

变量	流动比率 (1)	流动比率 (2)	杠杆率 (3)	杠杆率 (4)	存贷比率 (5)	存贷比率 (6)
Cash	0.327 6*** (68.959)	0.271 2*** (72.793)				
BLF			-0.074 8*** (-57.514)	-0.048 7*** (-47.179)		
mec_sale					-0.687 6*** (-113.608)	-0.420 7*** (-83.306)
Constant	5.842 6*** (389.187)	5.967 2*** (196.051)	5.945 0*** (392.214)	6.082 1*** (199.577)	6.090 3*** (402.517)	6.200 1*** (204.853)
Observations	1 499 693	1 499 693	1 499 693	1 499 693	1 499 693	1 499 693
R-squared	0.061	0.392	0.059	0.389	0.076	0.395
FE	YES	YES	YES	YES	YES	YES

注：括号内数值为稳健标准误，***、**、* 分别表示参数的估计值在 1%、5%、10% 的水平上显著。

资料来源：笔者根据《中国工业企业数据库》和《中国海关进出口贸易数据库》中的相关数据，采用 Stata 软件，整理而得。

二、融资约束与制造业研发创新

融资约束和研发创新活动间的关系,一直是学术研究的热点话题。大量研究表明,金融发展和企业创新存在显著密切的联系。对于发展中经济体来说,金融发展的滞后或金融抑制是经济发展中时常出现的现象(King and Levine,1993;Levine,2002),且存在常态发展趋势。

关于企业研发投入变量,本章选择中国工业企业数据库中的研发投入作为研发强度的代理变量,并根据企业是否从事研发活动,设置研发创新意愿的虚拟变量。在回归中,同时考察融资约束对于企业研发创新意愿和研发强度的影响。在解释变量的选择中,同样以资产负债率、流动率、杠杆率水平、存贷比作为融资约束的代理变量,并增加一个控制变量:企业的全要素生产率(lntfp)。由于部分年份的数据缺失,本章选择以2001年、2005~2007年作为样本年份,具体数据的统计性描述,见表6-4。

表6-4　融资约束与企业研发创新统计描述

变量	观测数	平均值	标准差	最小值	最大值
研发投入	901 645	0.624	1.886	0	10.890
资产负债率	901 645	0.570	0.279	0.015	1.619
流动率	901 645	0.068	0.302	-0.972	0.819
杠杆率	901 645	1.051	0.944	0.023	8.047
存贷水平	901 645	0.164	0.232	0	1.756

资料来源:笔者根据《中国工业企业数据库》和《中国海关进出口贸易数据库》中的相关数据,采用 Stata 软件,整理而得。

表6-5显示融资约束与企业研发创新意愿和企业研发创新强度的基本回归结果。表6-5中的第(1)列与第(2)列的被解释变量为企业是否从事研发活动,设置了企业研发创新意愿的虚拟变量。表6-5估计所采用的模型为 Probit 模型进行估计,具体来看:第(1)列控制了企业、行业以及固定效应后,核心变量的回

归系数依然负向且显著。在第（2）列中，为了控制模型的内生性，进一步用资产负债率的滞后一期变量作为工具变量进行了两阶段最小二乘估计。结果显示，企业的融资约束条件与企业的研发投入呈显著负相关：企业受到的融资约束强度越大，企业科研创新的意愿就越小。第（3）列与第（4）列的被解释变量，为企业是否从事研发活动。第（3）列为加入企业控制变量、行业控制变量以及省（区、市）、行业固定效应和年份固定效应项的结果。第（4）列为以资产负债率的滞后一期作为两阶段最小二乘估计的工具变量的回归结果。融资约束与企业研发创新强度呈现显著负相关。

表6-5　　融资约束与企业研发创新意愿和企业研发创新强度的基本回归结果

变量	研发创新意愿		研发创新强度	
	（1）	（2）	（3）	（4）
asset_debt	-0.1270*** (-14.854)	-0.1671*** (-15.513)	-0.1440*** (-18.767)	-0.2127*** (-16.945)
lntfp	0.0846*** (30.213)	0.0885*** (37.471)	0.1213*** (34.432)	0.1380*** (32.317)
age 2~5	0.0398*** (4.928)	0.0107 (0.893)	-0.0015 (-0.274)	-0.0036 (-0.372)
age 5~10	0.1326*** (15.987)	0.1122*** (9.510)	0.0968*** (15.463)	0.1048*** (10.234)
age >10	0.2101*** (24.444)	0.1978*** (16.710)	0.2098*** (28.724)	0.2297*** (20.768)
middle	0.3772*** (61.784)	0.3845*** (71.557)	0.4064*** (60.676)	0.4238*** (55.423)
large	0.9209*** (71.879)	0.9293*** (88.484)	2.0649*** (72.364)	2.0974*** (69.293)
s_state	0.3528*** (30.835)	0.3727*** (37.303)	0.5688*** (29.345)	0.6200*** (28.383)
s_foreign	-0.2324*** (-26.194)	-0.2475*** (-34.097)	-0.2650*** (-29.824)	-0.2995*** (-28.165)
lnK/L	0.0691*** (33.783)	0.0738*** (38.616)	0.0731*** (37.743)	0.0834*** (34.523)
export intensity	0.0189** (2.119)	0.0194** (2.556)	0.0229*** (2.748)	0.0313*** (3.190)

续表

变量	研发创新意愿		研发创新强度	
	(1)	(2)	(3)	(4)
lnhhi	2.911 0*** (3.194)	2.876 9*** (5.197)	17.648 8*** (5.430)	17.654 1*** (5.205)
lny	-0.042 8*** (-16.910)	-0.046 6*** (-21.781)	-0.039 8*** (-14.703)	-0.045 0*** (-13.913)
Constant	-1.146 0*** (-21.879)	-1.115 7*** (-24.514)	0.712 4*** (11.681)	0.603 7*** (7.855)
Observations	898 150	693 541	898 150	693 541
FE	YES	YES	YES	YES
Wald 检验		38.13 [0.000 0]		189 205
F 检验		13 447 [0.000 0]		[0.000 0] 111.56
K-P 检验				189 205 [0.000 0]
DWH 检验				111.56 189 205

注：括号内数值为稳健标准误，***、**、* 分别表示参数的估计值在1%、5%、10%的水平上显著。

资料来源：笔者根据《中国工业企业数据库》和《中国海关进出口贸易数据库》中的相关数据，采用 Stata 软件，整理而得。

表6-6同样将流动比率、杠杆率以及存贷比作为融资约束的代理变量，来验证模型的稳健性。结果显示，流动比率上升时，企业融资约束程度将下降，并会显著提升企业的研发意愿。在第（7）列中，在纳入存贷比的二次项后，模型的二次项呈显著的倒"U"形关系。第（8）列～第（14）列为以研发强度作为被解释变量，以替代变量作为核心解释变量的回归结果。与研发意愿的结果类似，流动比率依然与研发强度呈显著正相关；杠杆率与研发强度则呈显著负相关：杠杆率越高，企业的融资约束越强，企业的研发创新强度和研发创新能力就越低。最后，存贷比也存在倒"U"形关系，到达门槛值后，随着企业的融资约束上升，企业的研发强度将显著下降。

表6-6 企业发展意愿、企业研发创新强度与其他融资约束代理的回归结果

第一部分：研发创新意愿

变量	流动比率		杠杆率		存贷比		
	(1)	(2)	(3)	(4)	(5)	(6)	(7)
Cash	0.180 2*** (24.975)	0.228 8*** (27.899)			0.342 0*** (43.605)	0.479 5*** (57.008)	1.277 3*** (64.702)
BLF			-0.066 3*** (-27.424)	-0.070 4*** (-25.118)			
mec_sale							
mec_sale_sq							-0.554 9*** (-40.161)

第二部分：研发创新强度

变量	流动比率		杠杆率		存贷比		
	(8)	(9)	(10)	(11)	(12)	(13)	(14)
Cash	0.174 9*** (23.089)	0.252 9*** (33.653)			0.377 0*** (33.837)	0.537 7*** (48.582)	1.418 0*** (64.880)
BLF			-0.053 4*** (-32.156)	-0.061 2*** (-36.371)			
mec_sale							
mec_sale_sq							-0.644 3*** (-48.302)
Observations	898 150	898 150	898 150	898 150	898 150	898 150	898 150
Other Contr	NO	YES	NO	YES	NO	YES	YES
FE	YES	YES	YES	YES	YES	YES	YES

注：括号内数值为稳健标准误，***、**、* 分别表示估计参数的估计值在1%、5%、10%的水平上显著。
资料来源：笔者根据《中国工业企业数据库》和《中国海关进出口贸易数据库》中的相关数据，采用Stata软件，整理而得。

三、融资约束与制造业出口竞争力

梅里兹(Melitz, 2003)对异质企业贸易模型的研究,在原有基础上扩展到融资约束与企业出口问题的探索上。而从微观角度来研究一国出口行为及其影响因素,是近年来国际经济学的前沿问题。通过理论模型和实证模型对融资约束与企业出口扩展边际关系的分析,可以得出信贷融资约束会抑制企业出口。而就出口的集约边际而言,既有的经验研究存在显著分歧:伯曼和海瑞科特(Berman and Hericourt, 2010)对部分发展中国家和新兴经济体进行研究后认为,出口集约边际并不太会受到融资的影响;但米内蒂和朱(Minetti and Zhu, 2011)对意大利的研究结论表明,融资约束与企业出口集约边际呈正相关性且相关性显著。

根据相关文献,本章选择以下变量作为被解释变量进行相关研究。首先,以二元边际视角,对融资约束与企业扩展边际以及集约边际的关系进行探索。其次,从产品质量角度出发,研究融资约束是否抑制了企业产品质量的升级。最后,从产品种类视角出发,探讨企业融资约束是否不利于企业的产品创新和种类增加。

(一) 出口二元边际

1. 扩展边际

先从企业出口的扩展边际角度来研究企业融资约束对企业出口的影响。在综合伯曼和海瑞科特(Berman and Hericourt, 2010)以及米内蒂和朱(Minetti and Zhu, 2011)实证研究中计量模型界定和变量选择的前提下,本章将企业出口扩展边际的计量模型设定为:

$$\text{Prob}(ex\_en_i > 0) = \begin{cases} 1 & \text{if } \alpha \text{Finance}_i + \beta \text{Control} + \varepsilon_i > 0 \\ 0 & \text{Otherwise} \end{cases}$$

在方程中，i 表示企业；因变量为 ex_en$_i$，表示企业有出口的虚拟变量或无出口的虚拟变量。解释变量沿用上文的融资约束指标，以资产负债率、资产流动率、杠杆率水平、存贷比作为融资约束的代理变量。估计模型采用 Probit 模型。

2. 集约边际

本章在研究企业融资约束对企业出口的影响时，结合了企业出口的集约边际。同样地，参考上述文献，我们将企业的出口集约边际计量模型设定为：

$$ex\_in_i = \alpha finance_i + \beta control + \varepsilon_i \quad \text{if} \quad ex\_in_i > 0$$

模型中所应用的都是存在出口企业的样本，被解释变量为企业出口额除以企业销售额的出口密集度。表 6-7 为企业融资约束与出口二元边际的回归结果。其中，第（1）列和第（2）列的被解释变量为出口的扩展边际，第（3）列和第（4）列的被解释变量为出口的集约边际。第（1）列与第（3）列控制了企业、行业以及固定效应，第（2）列与第（4）列是采用两阶段最小二乘估计法的计量回归结果。从回归结果看，企业的融资约束对企业的出口二元边际存在显著负相关。

表 6-7　企业融资约束与出口二元边际的基本回归结果

变量	扩展边际		集约边际	
	（1）	（2）	（3）	（4）
asset_debt	-0.048 0***	-0.111 4***	-0.079 1***	-0.132 7***
	(-6.850)	(16.113)	(-11.805)	(-22.498)
lntfp	0.017 7***	0.018 5***	0.005 6***	0.004 7***
	(8.973)	(12.078)	(3.198)	(3.669)
age 2~5	0.177 2***	0.095 3***	0.168 1***	0.098 3***
	(37.872)	(11.915)	(36.966)	(14.292)
age 5~10	0.303 5***	0.239 7***	0.277 1***	0.214 7***
	(55.822)	(30.455)	(52.456)	(31.727)

续表

变量	扩展边际		集约边际	
	(1)	(2)	(3)	(4)
age > 10	0.3255***	0.2692***	0.2614***	0.2080***
	(54.162)	(34.063)	(45.748)	(30.599)
middle	0.4509***	0.4245***	0.3500***	0.3025***
	(95.156)	(120.591)	(81.925)	(100.908)
large	1.1593***	1.1378***	0.8042***	0.7345***
	(96.124)	(143.913)	(89.614)	(113.533)
lnK/L	-0.0274***	-0.0329***	-0.0632***	-0.0692***
	(-16.865)	(-26.947)	(-40.862)	(-66.898)
lnhhi	2.5155***	2.8513***	0.1225	0.2093
	(2.673)	(6.238)	(0.237)	(0.692)
lny	-0.1247***	-0.1314***	-0.1152***	-0.1130***
	(-58.463)	(-89.847)	(-59.212)	(-90.559)
Constant	0.3019***	0.4623***	0.9006***	1.1578***
	(9.794)	(10.402)	(22.742)	(43.625)
Observations	1 499 693	1 499 693	1 499 693	1 022 484
FE	YES	YES	YES	YES
Wald 检验		134.96 [0.0000]		156.33 [0.0000]
F 检验		19 319.76 [0.0000]		19 319.76 [0.0000]

注：括号内数值为稳健标准误，***、**、*分别表示参数的估计值在1%、5%、10%的水平上显著。

资料来源：笔者根据《中国工业企业数据库》和《中国海关进出口贸易数据库》中的相关数据，采用 Stata 软件，整理而得。

本章以流动比率、杠杆率以及存贷比作为融资约束的代理变量对模型的稳健性进行了检验。结果显示，企业融资约束与出口二元边际的总体结论依然成立且稳健（限于篇幅，未将具体计量回归结果列出）。

(二) 出口产品质量

出口产品质量的测算参考了施炳展 (2013) 的测算方法，以中国工业企业数据库和中国海关数据库的合并数据为基础来测算出口产品质量。对于 HS 下的某一产品而言，企业 i 在 t 年对 m 国的出口数量可表示为：

$$q_{imt} = p_{imt}^{-\sigma} \lambda_{imt}^{\sigma-1} \frac{E_{imt}}{P_{imt}}$$

$\lambda_{imt}^{\sigma-1}$ 和 q_{imt} 分别表示产品种类的质量和数量，σ 表示产品种类间的替代弹性，E_{imt} 表示消费者支出，P_{imt} 表示价格指数。

取自然对数后，我们可得到计量回归方程：

$$\ln q_{imt} = \chi_{imt} - \sigma \ln p_{imt} + \varepsilon_{imt}$$

χ_{imt} 是"进口国—年份"的二维虚拟变量，ε_{imt} 是残差项。

地理距离等为随进口国变化的变量，汇率制度变革等为仅随时间变化的变量，国内生产总值等为同时随时间和进口国变化的变量。在计算过程中，上述变量都作为控制变量。由于是在产品层面进行回归，产品的特性，如产品技术复杂度等，同样在计算过程中被加以控制。质量定义如下式所示：

$$quality_{imt} = \ln \lambda_{imt} = \frac{\hat{\varepsilon}_{imt}}{(\sigma-1)} = \frac{\ln q_{imt} - \ln \hat{q}_{imt}}{(\sigma-1)}$$

最后，是对产品质量进行标准化处理。考虑到融资约束是企业层面的关系变量，故对 HS8 位码的产品质量加权到了企业层面，权重为 HS8 位码的产品出口额。具体的变量描述如表 6-8 所示，具体指标的分布形态，见图 6-1。

表 6-8　　　　　融资约束与企业出口产品质量

变量	观测数	平均值	标准差	最小值	最大值
出口产品质量	216 344	0.567	0.126	0	1
资产负债率	216 344	0.553	0.262	0.014 5	1.510

续表

变量	观测数	平均值	标准差	最小值	最大值
流动比率	216 344	0.094 9	0.287	-0.888	0.816
杠杆率	216 344	0.957	0.714	0.021 9	5.718
存贷比	216 344	0.208	0.249	0	1.789

资料来源：笔者根据《中国工业企业数据库》和《中国海关进出口贸易数据库》中的相关数据，采用 Stata 软件，整理而得。

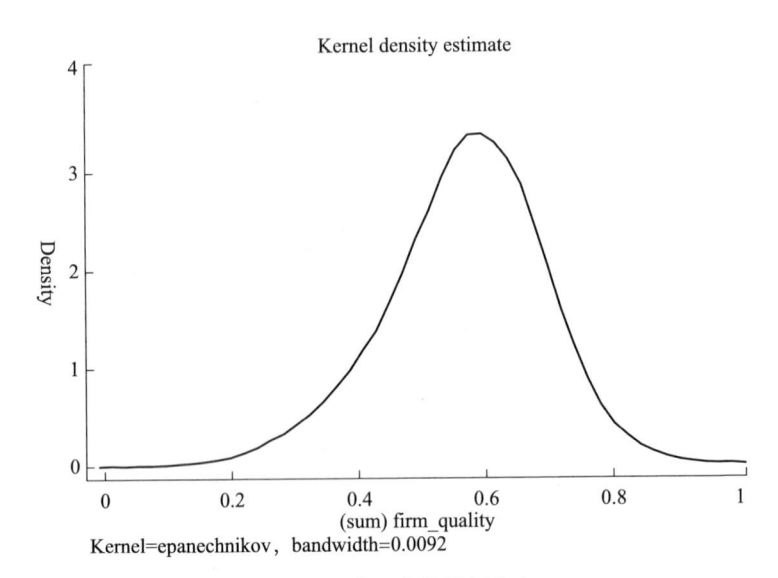

图 6-1 出口产品质量分布

资料来源：笔者根据《中国海关进出口贸易数据库》中的相关数据，采用 Stata 软件，绘制而得。

表 6-9 显示了以出口产品质量为被解释变量的回归结果。依次将企业控制变量、行业控制变量以及固定效应项纳入回归模型中。结果显示，融资约束与出口产品质量呈显著负相关：企业受到的融资约束越大，企业的出口产品质量就越差。

同样，使用流动比率、杠杆率以及存贷比作为融资约束的代理变量，总体结论依然成立且稳健，即企业的融资约束与企业出口产品的质量成反比：出口企业受到的融资约束越大，企业出口产品质量就越低。基准模型的结论依然成立且稳健（具体回归结果略）。

表6-9　　　　　　　出口产品质量与企业融资约束

变量	(1)	(2)	(3)	(4)	(5)
asset_debt	-0.032 1*** (-20.050)	-0.019 3*** (-12.228)	-0.019 5*** (-12.314)	-0.018 8*** (-12.384)	-0.024 9*** (-15.314)
lntfp		0.003 9*** (10.346)	0.004 2*** (11.111)	0.005 5*** (14.414)	0.006 5*** (20.196)
age 2~5		0.005 4*** (4.450)	0.005 4*** (4.447)	0.004 6*** (3.888)	0.010 1*** (3.448)
age 5~10		0.006 8*** (5.165)	0.007 2*** (5.420)	0.007 1*** (5.484)	0.010 6*** (3.675)
age>10		0.003 5** (2.446)	0.003 7** (2.545)	0.005 2*** (3.700)	0.009 7*** (3.347)
middle		0.007 0*** (7.459)	0.006 2*** (6.554)	0.007 6*** (8.221)	0.008 4*** (10.412)
large		0.000 5 (0.231)	-0.001 3 (-0.615)	0.006 9*** (3.216)	0.007 0*** (4.554)
s_state		-0.025 7*** (-9.860)	-0.024 7*** (-9.484)	-0.012 3*** (-4.784)	-0.013 2*** (-6.381)
s_foreign		0.031 7*** (30.203)	0.031 7*** (30.171)	0.031 4*** (28.496)	0.031 3*** (34.809)
lnK/L		-0.001 1*** (-3.085)	-0.001 0*** (-2.840)	0.001 4*** (3.953)	0.001 5*** (4.883)
export intensity		0.050 8*** (46.964)	0.050 9*** (47.049)	0.043 0*** (39.864)	0.043 2*** (46.046)
lnhhi			-0.140 5 (-1.498)	-0.109 1 (-1.248)	-0.179 5*** (-3.301)
lny			0.002 0*** (6.459)	-0.003 7*** (-8.063)	-0.004 2*** (-11.475)
Constant	0.585 1*** (564.366)	0.507 4*** (167.700)	0.469 6*** (71.952)	0.608 5*** (65.543)	0.611 0*** (77.021)
Observations	215 949	215 949	215 949	215 949	125 574
FE	YES	YES	YES	YES	YES
F检验					2 886.43 [0.000 0]

续表

变量	(1)	(2)	(3)	(4)	(5)
Wald 检验					19.85 [0.0000]

注：括号内数值为稳健标准误，***、**、* 分别表示参数的估计值在 1%、5%、10% 的水平上显著。

资料来源：笔者根据《中国工业企业数据库》和《中国海关进出口贸易数据库》中的相关数据，采用 Stata 软件，整理而得。

（三）出口产品种类

本章采用的数据是由中国海关数据库提供的 2000~2006 年的 HS8 位码产品数据。本章根据 HS8 位码进行了区分，并且对每一个企业出口产品的数量进行了统计加总。图 6-2 为出口产品种类的条形统计图。与上文回归方式类似，在回归中，本章逐步纳入了包含全要素生产率、企业年龄、企业规模、所有制等控制企业的相关因素，同时，也纳入了行业、省份以及年份的固定效应。最终回归结果，如表 6-10 所示。

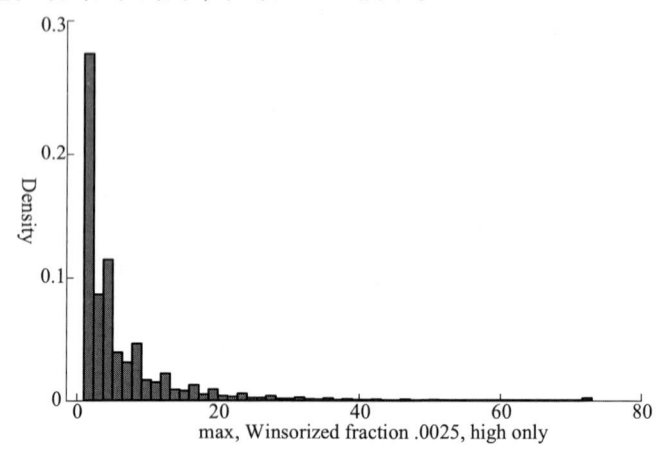

图 6-2 出口产品种类分布

资料来源：笔者根据《中国海关进出口贸易数据库》中的相关数据，采用 Stata 软件，绘制而得。

表 6-10　　　　出口产品种类与企业融资约束

变量	(1)	(2)	(3)	(4)	(5)
asset_debt	0.025 6 (1.496)	0.009 7 (0.574)	-0.001 2 (-0.075)	0.038 8 (1.524)	0.026 2* (1.781)
lntfp		0.017 4*** (4.119)	0.044 3*** (9.649)	0.049 0*** (10.733)	0.043 3*** (11.673)
age 2~5		0.124 5*** (9.619)	0.123 4*** (9.712)	0.104 6*** (8.648)	0.090 8*** (7.715)
age 5~10		0.153 5*** (10.825)	0.177 5*** (12.774)	0.147 8*** (11.245)	0.132 2*** (10.556)
age >10		0.193 5*** (12.454)	0.200 8*** (13.232)	0.173 1*** (11.980)	0.146 2*** (10.660)
middle		0.300 4*** (30.003)	0.237 3*** (23.534)	0.282 5*** (29.877)	0.285 1*** (32.719)
large		0.792 7*** (38.025)	0.612 4*** (27.974)	0.801 5*** (38.613)	0.794 9*** (40.020)
s_state		-0.015 3 (-0.464)	0.039 6 (1.214)	0.169 3*** (5.300)	0.133 2*** (4.195)
s_foreign		0.114 4*** (9.815)	0.108 9*** (9.538)	0.107 5*** (8.809)	0.098 9*** (9.155)
lnK/L		-0.078 5*** (-23.376)	-0.072 3*** (-22.174)	-0.018 4*** (-5.304)	-0.022 7*** (-6.741)
export intensity		0.591 2*** (50.461)	0.600 4*** (51.832)	0.490 4*** (44.970)	0.477 3*** (47.066)
lnhhi			4.899 7*** (8.254)	3.669 1*** (6.976)	5.133 3*** (4.673)
lny			0.151 5*** (37.363)	0.000 7 (0.159)	-0.029 9*** (-6.587)

续表

变量	(1)	(2)	(3)	(4)	(5)
Constant	1.858 4 *** (168.177)	1.256 8 *** (36.956)	-1.597 0 *** (-19.370)	0.612 0 *** (6.211)	1.270 3 *** (13.979)
Observations	218 790	218 790	218 790	218 790	218 790
FE	NO	NO	YES	YES	YES
Alpha					-0.498 3 *** (-67.101)

注：括号内数值为稳健标准误，***、**、* 分别表示参数的估计值在1%、5%、10%的水平上显著。

资料来源：笔者根据《中国工业企业数据库》和《中国海关进出口贸易数据库》中的相关数据，采用 Stata 软件，整理而得。

本章发现，融资约束各代理变量在控制相关变量后，与企业出口产品的种类均未构成显著的相关性。这表明，企业出口产品的种类不会受到融资约束的影响，企业出口产品广度的选择也不受融资条件变化的影响。在表 6 - 10 的第（5）列中，为了避免因模型设定错误导致的问题，本章进一步使用负二项回归对原模型进行了检验，结果依然在 5% 的显著性水平上不支持融资约束与出口产品种类存在相关关系的结论；而且，负二项回归的结果 Alpha 值显著不等于 0，为 - 0.4983。这说明，采用负二项回归将比使用 Poisson 回归结果更为合理。

四、融资约束与制造业价值链地位跃升

企业参与全球价值链的过程有赖于外部资本，良好发展的金融机构和金融市场必定能够推动全球商品与服务交换的顺利进行。学者从金融发展水平差异角度出发，认为金融发展水平越高，融资条件越宽松，越有利于推高企业参与垂直专业化分工的动机。

本章使用中国工业企业数据库—中国海关数据库的匹配数

据，以及世界投入产出数据库的出口分解信息，计算微观企业的全球价值链（global value chain，GVC）嵌入度。测算思路如下：首先，采用中国海关数据的 HS 编码匹配 UNSD（2003）编制广义经济分类标准（BEC）编码，识别进口的中间品、资本品和消费品；根据中国海关数据库中提供的贸易类型分类数据，将企业区分为加工贸易企业、一般贸易企业和混合贸易企业。参考凯和唐（Kee and Tang，2016）以及吕越等（2015）的建议，对已识别出的加工贸易企业、一般贸易企业以及混合贸易企业分别构建指标，对 GVC 嵌入度进行测算。其次将世界投入产出数据库与中国工业企业数据库—中国海关数据库合并，用以计算分解出口额中的间接增加值和返回增加值。① 为此，本章利用行业编码将国家—部门层面的信息匹配到企业层面，并且，对企业的间接进口比值（λ_1）和返回增加值比值（λ_2）进行了加权估算。具体匹配表和行业均值，见表 6-11。再次，正如凯和唐（Kee and Tang，2016）指出的，BEC 分类对资本货物及零配件、运输设备及其零配件等分类中，资本品和中间品易造成识别问题。② 最后，本章对 BEC 一级分类中的资本货物（运输设备除外）及其零配件、运输设备及其零配件进行了再分配。

表 6-11　　GVC 嵌入度测算所需相关系数的平均值（行业平均值）　　单位：%

行业中文名称	NACE	GB/T	λ_1	λ_2
3. 食品、饮料制造及烟草业	15t16	13/14/15/16	0.73	0.07
4. 纺织及服装制造业	17t18	17/18	2.84	0.33

---

① 具体分解方式，可参见库普曼等（Koopman et al.，2014）的方法。
② 凯和唐（Kee and Tang，2016）发现，"电子、机械设备和零部件"出口部门（HS = 84）进口的组装部件和零配件应属于工业的中间投入品，但是，对于食品加工部门来说，这些进口配件则主要用于生产设备维修，应划入资本品范畴。这一问题可能导致作为生产资料生产者行业的中间投入率被低估。

续表

行业中文名称	NACE	GB/T	λ_1	λ_2
5. 皮革、毛皮、羽毛及鞋类制品	19	19	2.11	0.08
6. 木材加工及木、竹、藤、棕、草制品	20	20	8.42	0.33
7. 造纸及纸制品业，印刷业	21t22	22/23	9.26	0.68
8. 石油加工、炼焦及核燃料加工业	23	25	16.52	0.90
9. 化学原料及化学制品制造业	24	26/27/28	9.73	1.63
10. 橡胶及塑料制品业	25	29/30	8.85	0.57
11. 非金属矿制品业	26	31	7.93	0.46
12. 金属制品业	27t28	32/33/34	10.75	1.62
13. 机械制造业	29	35/36	3.83	0.29
14. 电气及电子机械器材制造业	30t33	39/40/41	7.50	0.84
15. 交通运输设备制造业	34t35	37	8.16	0.31
16. 其他制造业及废弃资源回收加工	36t37	21/24/42	1.97	0.12
平均值			7.04	0.59

注：本表采用 WIOD 的行业编号。该行业编号中的 1 是农林牧渔业，2 是采矿业，本表予以省略。

资料来源：笔者根据《中国工业企业数据库》和《中国海关进出口贸易数据库》中的相关数据，采用 Stata 软件，整理而得。

最终，根据不同的贸易类型，得到企业层面 GVC 嵌入度指标的表达式。

（一）加工贸易企业

在中国海关数据库中，加工贸易被分为 16 个具体类目，其中，最主要的是来料加工（编码：14）和进料加工（编码：15），分别占加工贸易总进口额的 96% 以上和 99% 以上。本章仅保留了以上两类加工贸易数据。

$$GVC_{ipt} = \frac{IMP_{ipt}^{int} + (\lambda_{1t} - \lambda_{2t}) \times EXP_{ipt}}{EXP_{ipt}}$$

在上式中,下标 i 表示企业,t 表示年份,p 表示加工贸易;上标 int 表示中间产品。GVC_{ipt} 表示企业 i 在 t 时期的 GVC 嵌入度。EXP_{ipt} 为企业实际出口总额。系数 λ_{1t} 为间接进口国外增加值占总出口的比重,λ_{2t} 为返回增加值占总出口的比重。

(二) 一般贸易企业

与加工贸易企业的区别在于,一般贸易企业不仅从事出口产品生产,同时,也包括在本国销售的部分。由于无法获得企业在生产出口产品和非出口产品间如何分配进口中间投入的具体信息,参照凯和唐(Kee and Tang, 2016),对进口投入按出口额占总销售额的比重进行分配。通过计算整理,得到如下公式:

$$GVC_{iot} = \frac{IMP_{iot}^{int} + (\lambda_{1t} - \lambda_{2t}) \times SALE_{iot}}{SALE_{iot}}$$

在上式中,下标 i 表示企业,o 表示一般贸易企业,$SALE_{iot}$ 表示一般贸易企业 i 在时期 t 的总销售额,上式中其余部分含义与加工贸易企业类似。

(三) 混合贸易企业

由于加工贸易项在进出口贸易数据中单独列出,混合贸易企业的 GVC 嵌入度可通过不同贸易类型下的出口额比重对加工部分和一般贸易部分进行加权计算得到:

$$GVC_{imt} = w^p \times GVC_{ipt} + w^o \times GVC_{iot}$$

在上式中,w^p 和 w^o 分别为加工出口贸易额、一般出口贸易额占企业出口总额的比重。

从表 6-12 的回归结果看,第 (1) 列~第 (4) 列依次将企业控制变量、行业控制变量以及固定效应纳入回归模型中,第(5)列采用了资产负债率的滞后一期作为工具变量,使用两阶段最小二乘法对模型进行了估计。结果均显示,融资约束与企业的价值链嵌入度呈显著负相关:企业融资约束越严重,企业在价值链中的嵌入度也越低。

表6-12　　　　　　企业价值链嵌入度与融资约束

变量	(1)	(2)	(3)	(4)	(5)
asset_debt	-0.0917***	-0.0199***	-0.0207***	-0.0121***	-0.0334***
	(-26.593)	(-6.506)	(-6.797)	(-4.377)	(-11.046)
lntfp		-0.0182***	-0.0162***	-0.0072***	-0.0069***
		(-28.597)	(-25.631)	(-12.011)	(-11.492)
age 2~5		0.0030	0.0029	0.0059***	0.0053
		(1.266)	(1.248)	(2.672)	(1.005)
age 5~10		0.0233***	0.0252***	0.0163***	0.0176***
		(9.123)	(9.926)	(6.902)	(3.364)
age >10		0.0329***	0.0337***	0.0238***	0.0285***
		(12.083)	(12.428)	(9.369)	(5.439)
middle		0.0391***	0.0337***	0.0220***	0.0235***
		(22.995)	(19.666)	(13.995)	(16.000)
large		0.1352***	0.1191***	0.0807***	0.0858***
		(38.658)	(33.675)	(24.883)	(31.006)
s_state		0.0082**	0.0136***	-0.0176***	-0.0157***
		(2.196)	(3.647)	(-4.814)	(-4.222)
s_foreign		0.2118***	0.2115***	0.1469***	0.1468***
		(116.084)	(116.530)	(76.511)	(90.075)
lnK/L		0.0064***	0.0071***	0.0149***	0.0140***
		(9.752)	(10.950)	(23.589)	(25.822)
export intensity		0.0654***	0.0656***	0.0626***	0.0638***
		(33.105)	(33.455)	(33.336)	(37.559)

续表

变量	（1）	（2）	（3）	（4）	（5）
lnhhi			0.587 3*** (3.900)	0.327 4** (2.107)	0.192 1* (1.925)
lny			0.013 6*** (22.400)	0.005 3*** (6.932)	0.005 2*** (7.941)
Constant	0.281 4*** (125.387)	0.139 9*** (25.344)	-0.113 4*** (-9.443)	-0.084 9*** (-5.499)	-0.083 6*** (-5.821)
Observations	212 374	212 374	212 374	212 374	122 663
FE	NO	NO	NO	YES	YES
F 检验					2 929.46 [0.000 0]
Wald 检验					65.75 [0.000 0]

注：括号内数值为稳健标准误，***、**、*分别表示参数的估计值在1%、5%、10%的水平上显著。

资料来源：笔者根据《中国工业企业数据库》和《中国海关进出口贸易数据库》中的相关数据，采用 Stata 软件，整理而得。

表6-13采用流动比率、杠杆率和存贷比作为代理变量，进行回归分析。结果显示，表6-13中的第（1）列和第（2）列是以流动比率作为代理变量的回归结果，流动比率的回归系数为正，表示流动约束放宽，会使企业在价值链中的地位变量显著上升。第（3）列和第（4）列是以杠杆率作为代理变量的回归结果，杠杆率越高，企业融资约束越严重，企业价值链的嵌入度则随着约束的增强而下降。第（5）列和第（6）列是以存货比作为代理变量的回归结果，系数为正且显著。第（7）列纳入了存贷比的二次项。发现存贷比与企业价值链的嵌入度存在显著的倒"U"形关系。意味着，当越过相对门槛值时，企业融资约束将导致企业价值链嵌入度下降，融资约束依然会对企业的价值链嵌入产生显著的负向影响。

表 6-13　其他融资约束代理变量与企业价值链嵌入度

变量	流动比率 (1)	流动比率 (2)	杠杆率 (3)	杠杆率 (4)	(5)	存贷比 (6)	存贷比 (7)
Cash	0.013 2*** (5.050)	0.032 3*** (12.281)					
BLF			−0.003 1*** (−3.153)	−0.007 2*** (−7.384)			
mec_sale					0.028 0*** (9.766)	0.021 9*** (7.371)	0.087 0*** (14.741)
mec_sale_sq							−0.045 0*** (−13.515)
Observations	212 374	212 374	212 374	212 374	212 374	212 374	212 374
FE	YES	YES	YES	YES	YES	YES	YES
Other Contr	NO	YES	NO	YES	NO	NO	YES

注：括号内数值为稳健标准误，***、**、*分别表示参数的估计值在1%、5%、10%的水平上显著。
资料来源：笔者根据《中国工业企业数据库》和《中国海关进出口贸易数据库》中的相关数据，采用 Stata 软件，整理而得。

第四节　结论及建议

本章结合《中国制造2025》所涉及的四项指标，分别从制造业企业全要素生产率、研发创新能力、出口竞争力以及价值链嵌入度四个角度，探讨金融发展对制造业企业升级的影响。研究结果表明，融资约束越强，企业的全要素生产率下降程度越严重；同时，融资约束还会导致企业的研发强度和研发能力降低，并制约企业的出口竞争力，对企业在全球价值链中的嵌入度也会产生显著的负面影响。

良好的金融环境与金融市场可以通过多种渠道帮助企业进行融资，降低其杠杆率和融资成本，并有效地提高企业参与全球价值链分工的能力，是中国制造业企业"走出去"的重要支撑。因此，能否有效地解决融资约束问题，是决定中国产业在全球价值链地位的重要因素之一。当前，全球产业格局正在发生重大调整，中国制造业在新一轮发展中面临着发达国家和其他发展中国家的双重挑战。鉴于此，应当着力完善中国金融生态环境，改善金融体制配置效率，从而在保持宏观经济稳定运行的前提下，真正提升金融业有效服务实体经济的水平，支持中国制造业企业的转型升级，进而实现中国产业在全球价值链中的升级。

参考文献

[1] 包群,阳佳余. 金融发展影响了中国工业制成品出口的比较优势吗 [J]. 世界经济, 2008 (3): 21-33.

[2] 车大为. 金融管制体制产生的内生机制及其影响 [J]. 经济研究, 2011 (S2): 41-50, 87.

[3] 戴觅,余淼杰. 企业出口前研发投入、出口及生产率进步——来自中国制造业企业的证据 [J]. 经济学(季刊), 2012 (1): 211-230.

[4] 樊纲,关志雄,姚枝仲. 国际贸易结构分析:贸易品的技术分布. 经济研究, 2006 (8): 70-80.

[5] 葛顺奇,罗伟. 中国制造业企业对外直接投资和母公司竞争优势 [J]. 管理世界, 2013 (6): 28-42.

[6] 关志雄. 从美国市场看中国制造的实力———以信息技术产品为中心. 国际经济评论, 2002 (7-8): 5-12.

[7] 郭斌,刘曼路. 民间金融与中小企业发展:对温州的实证分析 [J]. 经济研究, 2002 (10): 40-46, 95.

[8] 韩剑,王静. 中国本土企业为何舍近求远:基于金融信贷约束的解释 [J]. 世界经济, 2012 (1): 98-113.

[9] 黄玖立,冼国明. 金融发展、FDI与中国地区的制造业出口 [J]. 管理世界, 2010 (7): 8-17, 187.

[10] 姜长云. 乡镇企业产权改革的逻辑 [J]. 经济研究, 2000 (10): 23-29.

[11] 金碚. 债务支付拖欠对当前经济及企业行为的影响

[J]. 经济研究, 2006 (5): 13-19, 30.

[12] 金中夏, 李良松. TPP原产地规则对中国的影响及对策——基于全球价值链角度 [J]. 国际金融研究, 2014 (12): 3-14.

[13] 孔祥贞, 刘海洋和徐大伟. 出口固定成本、融资约束与中国企业出口参与 [J]. 世界经济研究, 2013 (4): 46-53, 88。

[14] 李春顶, 尹翔硕. 我国出口企业的"生产率悖论"及其解释 [J]. 财贸经济, 2009 (11): 84-90, 111, 137.

[15] 梁冰. 我国中小企业发展及融资状况调查报告 [J]. 金融研究, 2005 (5): 120-138.

[16] 林毅夫, 李志赟. 政策性负担、道德风险与预算软约束 [J]. 经济研究, 2004 (2): 17-27.

[17] 林毅夫, 刘明兴, 章奇. 政策性负担与企业的预算软约束: 来自中国的实证研究 [J]. 管理世界, 2004 (8): 81-89, 127, 156.

[18] 林毅夫, 孙希芳. 信息、非正规金融与中小企业融资 [J]. 经济研究, 2005 (7): 35-44.

[19] 林毅夫, 李志赟. 中国的国有企业与金融体制改革 [J]. 经济学 (季刊), 2005 (3): 913-936.

[20] 刘卫江. 中国出口收入不稳定性成因的实证分析 [J]. 世界经济文汇, 2002 (2): 37-41, 36.

[21] 刘小玄, 周晓艳. 金融资源与实体经济之间配置关系的检验——兼论经济结构失衡的原因 [J]. 金融研究, 2011 (2): 57-70.

[22] 刘小玄. 中国工业企业的所有制结构对效率差异的影响——1995年全国工业企业普查数据的实证分析 [J]. 经济研究, 2000 (2): 17-25, 78-79.

[23] 刘煜辉. 中国地区金融生态环境评价. 北京：中国金融出版社, 2007.

[24] 卢峰, 姚洋. 金融压抑下的法治、金融发展和经济增长 [J]. 中国社会科学, 2004 (1): 42-55, 206.

[25] 罗丹阳, 殷兴山. 民营中小企业非正规融资研究 [J]. 金融研究, 2006 (4): 142-150.

[26] 罗党论, 甄丽明. 民营控制、政治关系与企业融资约束——基于中国民营上市公司的经验证据 [J]. 金融研究, 2008 (12): 164-178.

[27] 罗长远, 陈琳. FDI是否能够缓解中国企业的融资约束 [J]. 世界经济, 2011 (4): 42-61.

[28] 陆建明, 李宏, 朱学彬. 金融市场发展与全球失衡：基于创新与生产的垂直分工视角 [J]. 当代财经, 2011 (1): 49-63.

[29] 吕朝凤, 朱丹丹. 中国垂直一体化生产模式的决定因素——基于金融发展和不完全契约视角的实证分析 [J]. 中国工业经济, 2016 (3): 68-82.

[30] 吕越, 罗伟, 刘斌. 融资约束与制造业的全球价值链跃升 [J]. 金融研究, 2016 (6): 81-96.

[31] 吕越, 罗伟, 刘斌. 异质性企业与全球价值链嵌入：基于效率和融资的视角 [J]. 世界经济, 2015 (8): 29-55.

[32] 聂辉华, 江艇, 杨汝岱. 中国工业企业数据库的使用现状和潜在问题 [J]. 世界经济, 2012 (5): 142-158.

[33] 潘红波, 余明桂. 支持之手、掠夺之手与异地并购 [J]. 经济研究, 2011 (9): 108-120.

[34] 齐俊妍, 王永进, 施炳展, 盛丹. 金融发展与出口技术复杂度 [J]. 世界经济, 2011 (7): 91-118.

[35] 钱学峰, 熊平. 中国出口增长的二元边际及其因素决

定［J］.经济研究，2010（1）：65-79.

［36］邱斌，闫志俊.异质性出口固定成本、生产率与企业出口决策［J］.经济研究，2015（9）：142-155.

［37］盛斌，马涛.中间产品贸易对中国劳动力需求变化的影响：基于工业部门动态面板数据模型的分析［J］.世界经济，2008（3）：12-20.

［38］盛斌，吕越.对中国出口二元边际的再测算：基于2001～2010年中国微观贸易数据［J］.国际贸易问题，2014（11）：25-36.

［39］施炳展，冼国明.要素价格扭曲与中国工业企业出口行为［J］.中国工业经济，2012（2）：47-56.

［40］施炳展，王有鑫，李坤望.中国出口产品品质测度及其决定因素［J］.世界经济，2013（9）：69-93.

［41］孙灵燕，李荣林.融资约束限制中国企业出口参与吗？［J］.经济学（季刊），2011，11（4）：231-252.

［42］史晋川，叶敏.制度扭曲环境中的金融安排：温州案例［J］.经济理论与经济管理，2001（1）：63-68.

［43］孙灵燕，李荣林.我国对外贸易地区结构变化影响因素的实证检验——基于1995～2007年面板数据的分析［J］.国际经贸探索，2011（6）：34-39.

［44］孙灵燕.所有制信贷偏袒对中国民营企业出口的影响：基于融资的视角［J］.南方经济，2012（7）：43-56.

［45］孙早，鲁政委.从政府到企业：关于中国民营企业研究文献的综述［J］.经济研究，2003（4）：79-87，94.

［46］谭秋成.乡镇集体企业中经营者持大股：特征及解释［J］.经济研究，1999（4）：47-53.

［47］干劲松，史晋川，李应春.中国民营经济的产业结构演进——兼论民营经济与国有经济、外资经济的竞争关系［J］.

管理世界, 2005 (10): 82-93.

[48] 魏浩, 毛日昇, 张二震. 中国制成品出口比较优势及贸易结构分析 [J]. 世界经济 2005 (2): 21-33, 80.

[49] 阳佳余. 融资约束与企业出口行为: 基于工业企业数据的经验研究 [J]. 经济学 (季刊), 2012 (4): 1503-1524.

[50] 杨光, 孙浦阳, 陈惟. 融资约束、汇率变化与资本品进口 [J]. 江苏社会科学, 2015 (6): 43-49.

[51] 姚洋, 章奇. 中国工业企业技术效率分析 [J]. 经济研究, 2001 (10): 13-19, 28-95.

[52] 易靖韬. 企业异质性、市场进入成本、技术溢出效应与出口参与决定 [J]. 经济研究, 2009 (9): 106-115.

[53] 杨汝岱, 朱诗娥. 中国对外贸易结构与竞争力研究: 1978~2006 [J]. 财贸经济, 2008 (2): 112-119, 128.

[54] 姚洋, 张晔. 中国出口品国内技术含量升级的动态研究 [J]. 中国社会科学, 2008 (2): 67-82, 205-206.

[55] 张磊, 徐琳. 全球价值链分工下国际贸易统计研究 [J]. 世界经济研究, 2013 (2): 48-53, 88.

[56] 曾庆生, 陈信元. 国家控股、超额雇员与劳动力成本 [J]. 经济研究, 2006 (5): 74-86.

[57] 张杰, 李勇, 刘志彪. 出口与中国本土企业生产率——基于江苏制造业企业的实证分析 [J]. 管理世界, 2008 (11): 50-64.

[58] 张杰, 张培丽, 黄泰岩. 市场分割推动了中国企业出口吗? [J]. 经济研究, 2010 (8): 29-41.

[59] 张杰, 周晓艳, 郑文平, 芦哲. 要素市场扭曲是否激发了中国企业出口 [J]. 世界经济, 2011 (8): 134-160.

[60] 张杰. 金融抑制、融资约束与出口产品质量 [J]. 金融研究, 2015 (6): 64-79.

参考文献

[61] 张杰，陈志远和刘元春．中国出口国内附加值的测算与变化机制 [J]．经济研究，2013 (10)：124-137.

[62] 张杰，郑文平，翟兰根．融资约束如何影响中国企业出口的二元边际？[J]．世界经济文汇，2013 (4)：59-80.

[63] 张维迎，周黎安，顾全林．经济转型中的企业退出机制——关于北京市中关村科技园区的一项经验研究 [J]．经济研究，2003 (10)：3-14，90.

[64] 赵伟、赵金亮和韩媛媛．异质性、沉没成本与中国企业出口决定：来自中国微观企业的经验证据 [J]．世界经济，2011 (4)：62-79.

[65] 郑振龙，林海．民间金融的利率期限结构和风险分析：来自标会的检验 [J]．金融研究，2005 (4)：133-143.

[66] 周念利．中国服务业改革对制造业微观生产效率的影响测度及异质性考察——基于服务中间投入的视角 [J]．金融研究，2014 (9)：84-98.

[67] 朱希伟，金祥荣，罗德明．国内市场分割与中国的出口贸易扩张 [J]．经济研究，2005 (12)：68-76.

[68] 梁冰．我国中小企业发展及融资状况调查报告 [J]．金融研究．2005 (5)：120-138.

[69] Ahmed S. H., B. Coulibaly, J. T. Haltmaier, R. Knippenberg, S. Leduc, M. Marazzi and B. A. Wilson. 2007, China's role as engine and conduit of growth, Trade Conference, Research Department Hosted by the International Monetary Fund Washington, DC—April 6.

[70] Ahn J., Amiti M. and Weinstein D. E. Trade Finance and the Great Trade Collapse [J]. American Economic Review, 2011, 101 (3): 298-302.

[71] Allen F., Qian J. Law, finance, and economic growth in China [J]. Journal of Financial Economics, 2005, 77 (1): 57-116.

[72] Amiti M., C. Freund. An Anatomy of China's Export Growth. Chapter in NBER book China's Growing Role in World Trade (2010), Robert C. Feenstra and Shang-Jin Wei, editors (pp. 35 – 56). Published in March 2010 by University of Chicago Press, 2008.

[73] Amiti M., D. Weinstein. Exports and Financial Shocks, NBER Working Paper, 2009, No. 15556.

[74] Amurgo-Pacheco A., M. D. Pierola. Patterns of Export Diversification in Developing Countries: Intensive and Extensive Margins. World Bank Policy Research Working Paper 2008, No. 4473.

[75] Amiti M., Weinstein D. E. Exports and Financial Shocks [J]. The Quarterly Journal of Economics, 2011, 126 (4): 1841 – 1877.

[76] Auboin M. Boosting the Availability of Trade Finance in the Current Crisis: Background Analysis for a Substantial G20 Package [R]. CEPR Working Paper 35, 2009.

[77] Bas Maria, Antoine Berthou. The Decisionto Import Capital Goods in India: Firms' Financial Factors Matter. The World Bank Economic Review, 2012, 26 (3): 486 – 513.

[78] Baldwin R. et al. 2009, The Great Trade Collapse: Causes, Consequences and Prospects, VoxEU. org Ebook.

[79] Beck T. Financial Development and International Trade: Is There a Link [J]. Journal of International Economics, 2002, 57 (1): 107 – 31.

[80] Beck T. Financial Dependence and International Trade [J]. Review of International Economics, 2003, 11 (2): 296 – 316.

[81] Becker B., Chen J. and Greenberg D. Financial Development, Fixed Costs, and International Trade [J]. Review of Corporate Finance Studies, 2013, 2 (1): 1 – 28.

[82] Bems R., R. Johnson and K. M. Yi. Demand Spillovers and the Collapse of Trade in the Global Recession. IMF Economic Review 58 (December), 2010, 295 - 326.

[83] Benedetto J. Implications and Interpretations of Value-Added Trade Balances. Journal of International Commerce & Economics, 2012, 4 (2).

[84] Berman N., Héricourt J. Financial Factors and the Margins of Trade: Evidence from Cross-Country Firm-Level Data [J]. Journal of Development Economics, 2010, 93 (2): 206 - 17.

[85] Bernard A. B., J. Eaton, J. B. Jensen and S. Kortum. Plants and Productivity in International Trade, American Economic Review, 2003, 93 (4): 1268 - 1290.

[86] Berthou A. The Distorted Effect of Financial Development on International Trade Flows [R]. CEPII research center, 2010.

[87] Bond P. Optimal plaintiff incentives when courts are imperfect [C]. Society for Economic Dynamics Meeting Papers Number 723, 2004.

[88] Braun M. Financial Contractibility and Asset Hardness [R]. University of California-Los Angeles mimeo, 2003.

[89] Bricongne J C., Fontagné L., Gaulier G., Taglioni D. and Vicard V. Exports and Sectoral Financial Dependence: Evidence on French Firms during the Great Global Crisis [R]. European Central Bank, 2010.

[90] Brock William. Comments in Collapse in World Trade: A Symposium of Views, The International Economy, Spring 2009.

[91] Buch C. M., Kesternich I. and Lipponer A. et al. Exports versus FDI revisited: does finance matter [R]. Deutsche Bundes Bank Research Centre, 2010

[92] Bush D. Electricity merger analysis: Market screens, market definition, and other lemmings [J]. Review of Industrial Organization, 2008, 32: 263 - 288.

[93] Campa José Manuel, J. Myles Shaver. 2002. "Exporting and Capital Investment: On the Strategic Behavior of Exporters." IESE research papers, No. 469.

[94] Chaney T. Liquidity constrained exporters [R]. University of Chicago mimeo, 2005.

[95] Chaney T. Liquidity Constrained Exporters [R]. National Bureau of Economic Research Working Paper Series No 19170, 2013.

[96] Chaney T. Distorted Gravity: The Intensive and Extensive Margins of International Trade, 2008, 98 (4), 1707 - 1721.

[97] Chor D., K. Manova. Off the cliff and back? Credit conditions and international trade during the global financial crisis. NBER Working Paper No. 16174. 2010.

[98] Chor D., K. Manova. Off the cliff and back? Credit conditions and international trade during the global financial crisis [J]. Journal of International Economics, 2012, 87 (1): 117 - 133.

[99] Claessens S., E. Feijend and L. Laeven. Political connections and preferential access to finance: The role of campaign contributions [J]. Journal of Financial Economics, 2008, 88: 554 - 580.

[100] Claessens Stijn, Konstantinos Tzioumis. 2006. Measuring Firms' Access to Finance. World Bank.

[101] Cull R., Xua L. C. and Zhub T. Formal finance and trade credit during China's transition [J]. Journal of Financial Intermediation, 2009, 18 (2): 173 - 192.

[102] Deardorff A. V. Weak links in the chain of comparative advantage [J]. Journal of International Economics, 1979, 9 (2):

197 – 209.

[103] Deardorff A. V. How Robust is Comparative Advantage? [J]. Working Papers, 2005, 13 (5): 1004 – 1016.

[104] Davis S. J., Haltiwanger J. Gross Job Creation, Gross Job Destruction, and Employment Reallocation, Quarterly Journal of Economics, 1992, 107 (3): 819 – 63.

[105] Dean J., Fung K. C. and Zhi Wang. Measuring the Vertical Specialization in ChineseTrade, Office of Economics Working Paper, No. 2007 – 01 – A. 2007.

[106] Dean J. M., K. C. Fung and Z. Wang. Measuring Vertical Specialization: The Case of China, Review of International Economics. 2011, 19 (4): 609 – 625.

[107] Deardorff A. V. Weak links in the chain of comparative advantage, Journal of International Economics 1979, 5 (9): 197 – 209.

[108] Deardorff A. V. Ricardian comparative advantage with intermediate inputs, North American Journal of Economics and Finance, 2015, 16, (1) 11 – 34.

[109] Ding Sai, Alessandra Guariglia and John Knight. Investment and Financing Constraints in China: Does Working Capital Management Make A Difference? . Journal of Banking & Finance, 2013. 37 (5): 1490 – 1507.

[110] Djankov S., Ramalho R. Employment laws in developing countries [J]. Journal of Comparative Economics, 2009, 37 (1): 3 – 13.

[111] Domowitz I., R. G. Hubbard and B. C. Petersen. Business Cycles and the Relationship between Concentration and Price Cost Margins [J]. Rand Journal of Economics, 1986, 17: 1 – 17.

[112] Du J, Girma S. Finance and Firm Export in China

[J]. Kyklos, 2007, 60: 37 -54.

[113] Eaton J. , Kortum S. and Kramarz F. An Anatomy of International Trade: Evidence From French Firms [J]. Econometrica, 2011, 79 (5): 1453 -1498.

[114] Egger P. , Egger P. The trade and welfare effects of mergers in space [J]. Regional Science and Urban Economics, 2010, 40: 210 -220.

[115] Egger P. , Kesina M. Financial Constraints and Exports: Evidence from Chinese Firms [J]. CESifo Economic Studies, 2013, 59 (4): 676 -706.

[116] Eichengreen B. Comments in Collapse in World Trade: A Symposium of Views, The International Economy, Spring 2009.

[117] Engel C. H. , J. Wang. International Trade in Durable Goods: Understanding Volatility, Cyclicality, and Elasticities, Working Paper, 2009.

[118] Evenett S. J. Crisis-era Protectionism One Year after the Washington G20 Meeting, The Great Trade Collapse: Causes, Consequences and Prospects, VoxEU. org Ebook, 2009.

[119] Faccio M. , Masulis R. W. and Mcconnell J. J. Politically-Connected Firms: Can They Squeeze the State [J]. Journal of Finance, 2006, 6: 2597 -2635.

[120] Fan J. P. H. , Wong T. J. and Zhang T. Politically Connected CEOs, Corporate Governance and Post-IPO Performance of China's Newly Partially Privatized Firms [J]. Journal of Financial Economics, 2007, 84: 330 -357.

[121] Fan Haichao, Edwin L. -C. Lai and Yao Amber Li. "Credit Constraints, Quality, and Export Prices: Theory and Evidence from China." Journal of Comparative Economics, 2015. 43 (2): 390 -416.

[122] Fauceglia Dario. Credit Constraintsand Firm Imports of Capital Goods: Evidence from Middle-and Low-Income Countries. International Economics, 2014, 140: 1 – 18.

[123] Fazzari S. , Hubbard R. G. and Petersen B. Investment, Financing Decisions, and Tax Policy [J]. American Economic Review, 1988, 78: 200 – 205.

[124] Feenstra R. , Zh. Y. Li and M. J. Yu. Exports and Credit Constraint under Incomplete Information: Theory and Evidence from China. NBER Working Paper. 16940, 2011.

[125] Fisman Raymond, Jakob Svensson. Are Corruption and Taxation Really Harmful to Growth? Firm Level Evidence. Journal of Development Economics, 2007, 83 (1): 63 – 75.

[126] Francois J. , Manchin M. and Norberg H. Reducing Transatlantic Barriers to Trade and Investment: An Economic Assessment. Institue for International and Development Economics, 2013.

[127] Garmaise M. J. , Moskowitz T. J. Informal Financial Networks Theory and Evidence [J]. Review of Financial Studies, 2003, 16: 1007 – 1040.

[128] Gatti R. , Love I. Does Access to Credit Improve Productivity? Evidence from Bulgaria 1, Economics of Transition, 2008, 16 (3): 445 – 465.

[129] Gilchrist S. , Himmelberg C. P. Evidence on the role of cash flow for investment [J]. Journal of Monetary Economic, 1995, 36: 541 – 572.

[130] Greenaway D. , Kneller R. Firm Heterogeneity, Exporting and Foreign Direct Investment [J]. Economic Journal, 2007, 117 (517): 134 – F61.

[131] Cuariglia A. , Poncet S. Could financial distortions be no

impediment to economic growth after all? Evidence from China [J]. Journal of Comparative Economics, 2008, 36 (4): 633 -657.

[132] Guariglia A., Mateut S. Political affiliation and trade credit extension by Chinese firms [J]. The University of Nottingham research paper, 2011.

[133] Haddad M., A. Harrison and C. Hausman. Decomposing the Great Trade Collapse: Products, Prices, and Quantities in the 2008 -2009 Crisis, NBER Working Paper 16253. 2010.

[134] Harris R. Trainor M. Capital Subsidies and Their Impact on Total Factor Productivity: Firm-Level Evidence from Northern Ireland, Journal of Regional Science, 2005, 45 (1): 49 -74.

[135] Hausmann R., B. Klinger. Structural Transformation and Patterns of Comparative Advantage in the Product Space. CID Working Paper, No. 128. 2006.

[136] Hausmann R., D. Rodrik. Economic Development as Self-Discovery. Journal of Development Economics, 2003, 72 (2): 603 -633.

[137] Heckman James J. Sample Selection Bias As A Specification Error. Econometrica: Journal of the econometric society, 1979: 153 -161.

[138] Helpman E., Melitz M. J. and Rubinstein Y. Estimating Trade Flows: Trading Partners and Trading Volumes [J]. Quarterly Journal of Economics, 2008, 123: 441 -487.

[139] Helpman Elhanan, Marc Melitz and Yona Rubinstein. Estimating Trade Flows: Trading Partners and Trading Volumes. NBER Working Paper, No12927. 2007.

[140] Helpman E., Melitz M. J. and Yeaple S. R. Export Versus Fdi with Heterogeneous Firms [J]. American Economic Review,

2004, 94 (1): 300 – 16.

[141] Héricourt J., Poncet S. FDI and credit constraints: Firm-level evidence from China [J]. Economic Systems, 2009, 33: 1 – 21.

[142] Hirschman A. O. The Commodity Structure of World Trade, Quarterly Journal of Economics, 1943, 57 (4): 565 – 595.

[143] Holmstrom B., Tirole J, Financial Intermediation, Loanable Funds, and the Real Sector [J]. Quarterly Journal of Economics, 1997, 112 (3): 663 – 691.

[144] Hoshi T., Kashyap A. and Scharfstein D. Corporate Structure, Liquidity, and Investment: Evidence from Japanese Industrial Groups [J]. Quarterly Journal of Economics, 1991, 106: 33 – 60.

[145] Huang Y. S. Selling China: Foreign direct investment during the reform era [M]. London: Cambridge University Press, 2003.

[146] Huang Y. S. Why more may be actually less? Financing bias and labor-intensive FDI in China, in financial sector reforms in China [M]. Boston: Harvard University Press, 2004.

[147] Hur J., Raj M. and Riyanto Y. E. Finance and trade: A cross-country empirical analysis on the impact of financial development and asset tangibility on international trade [J]. World Development, 2006, 34 (10): 1728 – 1741.

[148] Hummels D., P. Klenow. The variety and quality of a nation s exports. American Economic Review, 2005, 95 (3): 704 – 723.

[149] Hummels David, Jun Ishii and Kei-Mu Yi. The Nature and Growth of Vertical Specialization in World Trade. Journal of International Economics, 2001. 54 (1): 75 – 96.

[150] Humphrey J., Schmitz H. How Does Insertion in Global Value Chains Affect Upgrading in Industrial Clusters? [J]. Regional

Studies, 2002, 36 (9): 1017 - 1027.

[151] Imbs J. , R. Warziarg. Stages of Diversification, American Economic Review, 2003, 93 (1): 63 - 86.

[152] J. B. Jensen, Redding S. J. , P. K. Schott and A. B. Bernard. The Margins of US Trade, Tuck School of Business Working Paper No. 2010 - 78. 2010.

[153] Johnson R. C. , G. Noguera. Accounting for Intermediates: Production Sharing and Trade in Value Added, Journal of International Economics, 2012, 86 (2): 224 - 236.

[154] Ju J. -D. , Wei S. -J. Endowment versus Finance: A Wooden Barrel Theory of International Trade [R]. International Monetary Fund Working Paper No 05/123, 2005.

[155] Ju. -D. , Wei S. -J. Domestic Institutions and the Bypass Effect of Financial Globalization [J]. American Economic Journal: Economic Policy, 2010, 2 (4): 173 - 204.

[156] Ju J. D. , Wei S. -J. When Is Quality of Financial System a Source of Comparative Advantage [J]. Journal of International Economics, 2011, 84 (2): 178 - 87.

[157] Kee, Hiau Looi, and Heiwai Tang. 2016. Domestic Value Added in Exports: Theory and Firm Evidence From China. American Economic Review, 106 (6): 1402 - 1436.

[158] Kuroiwa I. Ozeki H. Intra-regional trade between China, Japan, and Korea : before and after the financial crisis [J]. IDE Discussion Papers, 2010 (237) .

[159] King R. G. , Levine R. Finance and Growth: Schumpeter Might Be Right, Quarterly Journal of Economics, 1993, 108 (3), 717 - 737.

[160] Kletzer K. , Bardhan P. Credit Markets and Patterns of

International Trade, Journal of Development Economics, 1987, 27 (1 -2), 57 -70.

[161] Koopman R. , Z. Wang and S. J. Wei. Estimating Domestic Content in Exports When Processing Trade is Pervasive, Journal of Development Economics, 2012, 99 (1), 178 -189.

[162] Koopman Robert, Zhi Wang and Shang-Jin Wei. 2010. Give Credit Where Credit Is Due: Tracing Value Added in Global Production Chains. NBER Working Paper, No. 16426.

[163] Lall S. The technological structure and performance of developing country manufactured exports, 1985 -1998, Oxford Development Studies, 2000, 28 (3): 337 -369.

[164] Leontief W. Domestic Production and Foreign Trade: The American Capital Position Re-Examined, Proceedings of the American Philosophical Society, 97, Sept. 1953. Also Reprinted in Economia Internazionale, vii (1954).

[165] Levchenko A. A. , L. T. Lewis and L. L. Tesar . The Collapse of International Trade During the 2008 -2009 Crisis: In Search of the Smoking Gun, NBER Working Papers 16006. 2010.

[166] Levinsohn J. , Petrin A. Estimating Production Functions Using Inputs to Control for Unobservables [J]. Review of Economic Studies, 2003, 70: 317 -341.

[167] Li H. , Zhou L. A. Political Turnover and Economic Performance: The Incentive Role of Personnel Control in China [J]. Journal of Public Economics, 2005, 89: 1743 -1762.

[168] Li Z. , Yu M. Exports, Productivity, and Credit Constraints: A Firm-Level Empirical Investigation of China [R]. Institute of Economic Research of Hitotsubashi University, 2009.

[169] Love I. Financial Development and Financial Constrains:

International Evidence from the Structural Investment Model [R]. World Bank working paper, 2001.

[170] Luis Castro, Ben Li, Keith E. Maskus and Yiqing Xie. Fixed Export Costs and Firm-Level Export Behavior. University of Colorado, Boulder. 2012.

[171] Manova K. Credit Constraints, Heterogeneous Firms and International Trade [J]. The Review of Economic Studies, 2012, 80 (2): 711 -744.

[172] Manova K. Credit Constraints, Equity Market Liberalizations and International Trade [J]. Journal of International Economics, 2008, 76 (1): 33 -47.

[173] Manova Kalina, Zhihong Yu. Firmsand Credit Constraints Along The Global Value Chain: Processing Trade in China. NBER Working Paper, No. 18561. 2012.

[174] Manova Kalina. Credit Constraintsand The Adjustment to Trade Reform. Trade Adjustment Costs in Developing Countries: Impacts, Determinants, and Policy Responses, 2010: 315 -329.

[175] Manova Kalina, Shang-Jin Wei and Zhiwei Zhang. Firm Exportsand Multinational Activity Under Credit Constraints. Review of Economics and Statistics, 2015, 97 (3): 574 -588.

[176] Manova K., Wei S. J. and Zhang Z. Firm Exports and Multinational Activity Under Credit Constraints, Social Science Electronic Publishing, 2011, 97 (3), 574 -588.

[177] Manova K., Yu Z. Multi-Product Firms and Product Quality [J]. Social Science Electronic Publishing, 2012.

[178] Maurer Andreas, Christophe Degain. Globalization and Trade Flows: What You See is Not What You Get!, Journal of International Commerce, Economics and Policy, 2012, 3 (3): 1250019.

[179] Mayer T., Ottaviano G. I. P. The Happy Few: The Internationalisation of European Firms. Brussels: Bruegel Blueprint Series, 2007.

[180] Melitz M. J. The Impact of Trade on Intra-industry Reallocations and Aggregate Industry Productivity, Econometrica, 2003, 71 (6): 1695 – 1725.

[181] Minetti R., Zhu S. C. Credit Constraints and Firm Export: Microeconomic Evidence from Italy [J]. Journal of International Economics, 2011, 83 (2): 109 – 125.

[182] Muûls M. Exporters and credit constraints. A firm-level approach [R]. National Bank of Belgium, 2008.

[183] Moulton B. R. An Illustration of a Pitfall in Estimating the Effects of Aggregate Variables on Micro Units [J]. Review of Economics and Statistics, 1990, 72 (2): 334 – 338.

[184] Musso Patrick, Stefano Schiavo. The Impact of Financial Constraints on Firm Survival and Growth. Journal of Evolutionary Economics, 2008, 18 (2): 135 – 149.

[185] Nickell S., Nicolitsas D. and Dryden N. What Makes Firms PerformWell?, European Economic Review, 1996, 41 (s3 – 5): 783 – 796.

[186] Olley G. S., Pakes A. The Dynamics of Productivity in the Telecommunications Equipment Industry [J]. Econometrica, 1996, 64: 1263 – 1297.

[187] Petersen M. A., Rajan R. G. The Benefits of Lending Relationships: Evidence from Small Business Data [J]. Journal of Finance, 1994, 49 (1): 3 – 37.

[188] Poncet S., Héricourt J. FDI and credit constraints: firm level evidence from China [C]// HAL, 2009: 1 – 21.

[189] Pushner G. M. Equity ownership structure, leverage, and productivity: Empirical evidence from Japan [J]. Pacific-Basin Finance Journal, 1995, 3 (2-3): 241-255.

[190] Rajan R. G., Zingales L. Financial Dependence and Growth [J]. American Economic Review, 1998, 88 (3): 559-586.

[191] Ross Levine. Bank-Based or Market-Based Financial Systems: Which IsBetter?, Economia Chilena, 2002, 3 (1), 25-55.

[192] Schiantarelli F., Sembenelli A. The Maturity Structure of Debt: Determinants and Effects on Firms' Performance, Evidence from the United Kingdom and Italy, The World Bank, 1997, 1-39 (39).

[193] Schott P. US Trade Margins during the 2008 Crisis, The Great Trade Collapse: Causes, Consequences and Prospects, VoxEU. org Ebook, 2009.

[194] Stiglitz J. E., Weiss A. Credit Rationing in Markets with Imperfect Information [J]. American Economic Review, 1981, 71: 393-410.

[195] Svaleryd H., Vlachos J. Financial Markets, the Pattern of Industrial Specialization and Comparative Advantage: Evidence from OECD Countries [J]. European Economic Review, 2005, 49 (1): 113-144.

[196] Tirole J. The Theory of Corporate Finance. Princeton: Princeton University Press, 2005.

[197] Todo Y. Quantitative Evaluation of the Determinants of Export and FDI: Firm-level Evidence from Japan [J]. World Economy, 2011, 34 (3): 355-381.

[198] Tornell Aaron, Frank Westermann. Credit Market Imperfectionsin Middle Income Countries. NBER Working Paper,

No9737. 2003.

[199] Trefler D. The case of the missing trade and other mysteries, The American Economic Review, 1995, 85 (5): 1029 – 1046.

[200] Upward Richard, Zheng Wang and Jinghai Zheng. Weighing China's Export Basket: The Domestic Content and Technology Intensity of Chinese Exports. Journal of Comparative Economics, 2013, 41 (2): 527 – 543.

[201] Wang Z., S. J. Wei and K. F. Zhu. Quantifying International Production Sharing at the Bilateral and Sector Levels, NBER Working Paper 19677, 2013.

[202] WTO & IDE-JETRO. Trade Patterns and Global Value Chains in East Asia: From Trade in Goods to Trade in Tasks, Geneva. 2011.

[203] Yi K. M. The Collapse of Global Trade: The Role of Vertical Specialization. In The Collapse of Global Trade, Murky Protectionism, and the Crisis: Recommendations for the G20, edited by Richard Baldwin and Simon Evenett, 2009.